MÜNSTERSCHWARZACHER KLEINSCHRIFTEN

herausgegeben
von Mönchen der Abtei Münsterschwarzach

**Band 53**

**Guido Kreppold**

# Die Bergpredigt zwischen Innerlichkeit und Utopie I



VIER-TÜRME-VERLAG MÜNSTERSCHWARZACH
1989

Guido Kreppold

# Die Bergpredigt zwischen Innerlichkeit und Utopie I

## Teil 1: Der Berg der Wandlung

VIER-TÜRME-VERLAG MÜNSTERSCHWARZACH
1989

CIP-Titelaufnahme der Deutschen Bibliothek
**Kreppold, Guido:**
Die Bergpredigt zwischen Innerlichkeit
und Utopie / Guido Kreppold. –
Münsterschwarzach : Vier-Türme-Verlag
Teil 1. Der Berg der Wandlung. – 1989
(Münsterschwarzacher Kleinschriften ; Bd. 53)
ISBN 3-87868-386-3
NE: GT

Gesamtherstellung: Vier-Türme-Verlag, D-8711 Münsterschwarzach

ISSN 0171-6360
ISBN 3-87868-386-3

INHALT

Einleitung . . . . . . . . . . . . . . . . . . . . 7

Die ungenügende Gerechtigkeit
oder die folgenlose Innerlichkeit . . . . . . . 11

Lebendige Utopien . . . . . . . . . . . . . . . 19

Auf der Suche nach dem Zugang . . . . . . . 25

Das enge Tor . . . . . . . . . . . . . . . . . . 33

Der heilige Berg . . . . . . . . . . . . . . . . 39

Das alte und das neue Gebot –
die sechs Antithesen . . . . . . . . . . . . . . 53

Das alte und das neue Gewissen . . . . . . . 57

Die neue Lebensweise . . . . . . . . . . . . . 65

Schluß . . . . . . . . . . . . . . . . . . . . . 79

Anmerkungen . . . . . . . . . . . . . . . . . 82

# Einleitung

In jüngster Zeit ist die Bergpredigt in den Mittelpunkt politischer und weltanschaulicher Diskussion geraten. Viele ernsthaft und verantwortlich denkende Menschen stellen sich die Frage: Wie kann der anhaltende Rüstungswettlauf beendet, wie können drohende Katastrophen in der Natur, Konflikte bis zur Auslöschung der Menschheit verhindert werden, wie kann man Menschen vom Hungertod retten?
Nicht wenigen bieten sich Jesu radikale Forderungen der Feindesliebe, des Gewaltverzichts, der Friedensbereitschaft – wie sie in der Bergpredigt ausgesprochen sind – als Lösungen an, die über herkömmliche politisch machbare Versuche hinausgehen.
Politisch engagierte Christen und sogar solche, die sich nicht zum offiziellen Christentum bekennen, sehen in diesem Abschnitt des Matthäus-Evangeliums eindeutige Direktiven und fühlen in den Worten Jesu ihren Idealismus bestätigt. Häufig werden Politiker – besonders die aus der Partei mit dem C – an der Bergpredigt gemessen und gemahnt.
Ein früherer Bundeskanzler bestritt auf einem Kirchentag, daß „aus der Bergpredigt unmittelbare politische Handlungsweisen" zu gewinnen seien. Dem zuzustimmen fällt heute vielen schwer. Denn sie sagen: Man müßte blind sein, um nicht zu sehen, daß der Aufruf Jesu zur Versöhnung mit dem Gegner (Mt 5,21–26), zum Verzicht auf Wiedervergeltung (Mt 5,38f) und zur Feindesliebe (Mt 5,43f) bei der Diskussion um Wehrdienstverweigerung und Abrüstung nicht so ohne weiteres übergangen werden kann. Schwerlich könne man sich Jesus, der doch Leib gewordener Ausdruck einer unendlichen Güte

war, mit der Waffe in der Hand vorstellen. Ebenso geht es jedem, der sich auf die Worte Jesu von den sorglosen Lilien auf dem Felde einläßt und mit dem hektischen Treiben derer konfrontiert wird, die die Schönheit der Schöpfung vernichten.

Und wer denkt nicht an die Warnung vor dem Mammonsdienst (Mt 6,19) und an die Mahnung zum großzügigen Geben, wenn es um die Verteilung der Güter dieser Erde geht? Nach logischen Überlegungen dürfte es Hunger auf dieser Welt nicht geben, zumal es hauptsächlich Christen sind, die zu den Besitzenden gehören. Es fällt leicht, den Christen – besonders der Institution Kirche – einen Spiegel vorzuhalten und daran zu erinnern, wie sehr dagegen verstoßen wurde und noch wird.

Bedeutende Gestalten aus dem nichtchristlichen Lager werfen deshalb den Christen vor, wie wenig ernst sie die Bergpredigt nähmen. Gandhi sieht die Botschaft Jesu in der Bergpredigt enthalten; doch bezeichnet er vieles, was sich Christentum nennt, geradezu als Verneinung der ureigensten Anliegen Jesu.

Es ist wahr: Die Christen haben ihre Schwierigkeiten mit der Verkündigung Jesu. Da ist auf der einen Seite die ungeheure Herausforderung des Elends, der Bedrohung und der Angst, und auf der anderen Seite stehen die Worte Jesu vom heroischen Handeln und vom sorglosen Dasein. Dazwischen befinden sich die Christen – betroffen, ratlos, mit schlechtem Gewissen und mit ihren eigenen Problemen belastet. Man sollte darüber nachdenken, warum die Art, wie landauf, landab Christentum gelebt und gelehrt wird, keine höhere Form von Solidarität, von Verantwortungsbewußtsein gegenüber den Mitmenschen und der Natur und in der Politik hervorgebracht hat. Gewiß, man kann auf großherzig Handelnde im Raum des Christentums hinweisen – auf eine Mutter Teresa und ihre Schwestern z.B.; auch gibt es viele Unbekannte, Ungenannte, die – auf dem Boden des Christentums gewachsen – Überdurchschnittliches leisten. Doch allzu oft lenkt das Aufzeigen der guten Beispiele nur vom eigenen schlechten Gewissen ab. Die große Masse der Christen steht den Höchstansprüchen Jesu ziemlich verständnislos gegenüber und überläßt deren Erfüllung solchen Menschen, von denen man annimmt, daß es ihnen von Berufs wegen zusteht.

Wer nur mit Nachdruck die Befolgung der Bergpredigt anmahnt, übersieht das konkrete Leben. Es geht vielmehr darum, zu den Worten Jesu einen Zugang zu finden, der ihren Reichtum und ihre Kraft aufschließt und nicht schon besondere Kräfte voraussetzt. Überforderung und Verharmlosung – beides gilt es zu vermeiden.

Wie eine Auslegung nicht in abstrakten theoretischen Überlegungen stecken bleiben darf, ebenso wenig darf sie den einzelnen in seiner Not, die er mit dem eigenen Leben hat, überfahren und zum Handeln zwingen, noch bevor er die Kraft, Freiheit und Freude seines persönlichen Lebens entdeckt hat. Ohne diese Entwicklung würde neues Übel entstehen. Eine weiterführende Spur könnte gefunden werden, wenn wir uns an die besondere Art dieser Texte erinnern. Sie sind nämlich mehr als bloß hochstehende ethische Dokumente; sie drücken Erfahrung von Glaubenden aus. Die Überzeugung der Christen war ja von Anfang an, daß die Worte der Heiligen Schrift vom Heiligen Geist stammen. Sie sind inspiriert, und sie wollen inspirieren. Das bedeutet: den Geist wachrufen, aus dem sie entstanden sind. Dieser

Geist macht manches möglich, was „bei Menschen unmöglich ist“.

## Die ungenügende Gerechtigkeit oder die folgenlose Innerlichkeit

„Denn ich sage euch: Wenn eure Gerechtigkeit nicht viel vollkommener sein wird als die der Schriftgelehrten und Pharisäer, werdet ihr nicht hineinkommen in das Himmelreich" (Mt 5,20).[1]
Beim Lesen der Evangelien sind gläubige Christen wie von selbst auf der Seite Jesu und tun sich leicht, die Gegner Jesu als mögliches Bild eigener Fehler weit von sich zu weisen. Es bedarf großen Mutes zu ehrlicher Selbsteinschätzung, um einzusehen, daß die Kritik Jesu die Frommen aller Zeiten betrifft, seine Jünger heute nicht ausgenommen.
Was hat es nun auf sich mit der Gerechtigkeit der Schriftgelehrten und Pharisäer, die Jesus verwirft? Sie besteht vor allem in der Treue zum Gesetz und zur Tradition. Ein Pharisäer fastet zweimal in der Woche und gibt den Zehnten von allem, was er erwirbt (Lk 18,12). Das spricht sicher für den ernsthaften religiösen Charakter des Pharisäismus. In vielfacher Hinsicht waren sie Erben und Hüter der alttestamentlichen Offenbarung. Was ihnen von Jesus vorgeworfen wird, ist der Formalismus – ihre rein äußerliche Auslegung des Gesetzes.
„Ihr berechnet den Zehnten von Minze, Dill und Kümmel – doch was von größerem Gewicht ist im Gesetz, das vernachlässigt ihr: das Recht und die Barmherzigkeit und die Treue . . . Ihr seiht die Mücke, verschluckt jedoch das Kamel" (Mt 23,23f).
Sie sind blind dafür, daß es Gott um den Menschen geht.
„Und wenn ihr wüßtet, was es heißt: Barmherzigkeit will ich und nicht Opfer, so hättet ihr die Schuldlosen nicht verurteilt" (Mt 12,7).

Weil sie am Buchstaben kleben, erstarrt ihre Religion, und die fruchtbaren Ströme des Alten Testaments – wie Messianismus und Prophetismus – versiegen.[1a] Was das israelitische Volk einst in schlimmster Not – wie in der babylonischen Gefangenschaft – zusammenhielt, war die Hoffnung, daß Gott seinen Retter senden und das Heil wirken wird. Diese Hoffnung anzufachen und lebendig zu erhalten, war Auftrag der Propheten. Die Überbewertung der Tradition und das Erlöschen der unmittelbaren religiösen Kraft, wie sie in den Propheten gewirkt hat, sind die wichtigsten Momente einer Religiosität pharisäischer Art. Die Religion hat ihre heilenden Quellen verloren, sie besteht nun in einer Ansammlung von Vorschriften. Ein Volk, dem keine bessere Form der Gottesverehrung offensteht, ist „geplagt und preisgegeben wie Schafe, die keinen Hirten haben" (Mt 9,36); es findet nicht mehr Antwort auf die bedrängenden Lebensfragen wie Leid, Krankheit, Tod, Zusammenleben und Zukunft – und den Sinn von allem.

Man betrachte unter diesen Kriterien die herkömmliche Frömmigkeit im kirchlichen Raum, nicht aus bösem Willen, sondern im Sinn des 2. Vatikanischen Konzils, nach dem die Kirche immer der Erneuerung bedarf und sich am Evangelium auszurichten hat. Konkret heißt dann die Frage: Stimmt es, daß die Pflege der Tradition Übergewicht bekommen hat, daß die dynamische, wirklichkeitsgestaltende Kraft des Religiösen erloschen ist und daß Menschen in der Kirche nicht die Antwort auf ihre Lebensfragen finden? Das Unbehagen so vieler gegenüber dem kirchlichen Leben verdichtet sich in dem Vorwurf, es erschöpfe sich in der Ausübung von toten Riten, es sei fixiert auf nicht verstehbare Lehrgebäude, und dort werde eine künstliche Welt aufrechterhalten. Vor allem sei im Raum der Kirche nichts zu spüren von einer Dynamik des Evangeliums, welche Menschen und Welt verändert. Eher seien dort Öde, Langeweile, Resignation und Lebensferne anzutreffen. Man pflege eine weltfremde Innerlichkeit, welche die Wirklichkeit der äußeren politischen und gesellschaftlichen Situation nicht erreicht.

So stehen für viele Innerlichkeit und sinnvolle Weltgestaltung als sich zwei ausschließende Alternativen gegenüber. Kritik wird meist mit dem Argument zurückgewiesen, die Kirche müsse die inneren Werte hüten; sie könne sich nicht einem veräußerlichten Zeitgeist anpassen; sie müsse für alle offenstehen, nicht nur für eine heroische, esoterische Elite.

Was zu denken gibt, ist die Tatsache, daß akute Lebensprobleme weniger in seelsorglichen Gesprächen als in psychologischen Beratungsstellen und bei Selbsterfahrungskursen bearbeitet werden. Während die Beichten rapide zurückgehen, haben Beratungsstellen Wartezeiten von mehr als einem Jahr. So läßt sich nicht übersehen, daß die herkömmliche Art, wie Christentum angeboten und praktiziert wird, nicht genügend Kraft hat, den emotionalen Bereich anzugehen und zu ordnen und zugleich lenkend in die geistigen Strömungen einzugreifen. Es ist offen sichtbar, daß sich die Menschen der Industriekultur von kirchlichen Weisungen distanziert haben, besonders von solchen, die den intimen Bereich betreffen.
Man klagt über die Zahl der Scheidungen, der Ehen ohne Trauschein, der Abtreibungen. Entfremdung von der Kirche, sogar Feindseligkeit ihr gegenüber, ist in andauerndem Wachsen begriffen. Nach einer Umfrage des Allensbacher Instituts können sich mehr als zwei Drittel der

jungen Leute nicht vorstellen, was Religion mit dem Leben zu tun hat.[2]

Jedoch nur scheinbar läßt die moderne Lebensweise keinen Raum offen für den religiösen Hintergrund. Denn außerhalb der Kirche gibt es viele religiöse Aufbrüche, so daß beim Menschen unserer Zeit sogar ein Hunger nach dem Religiösen festzustellen ist.

Die Kirche ist dabei, die Führungsrolle auf ihrem ureigensten Gebiet – dem religiösen Sektor – zu verlieren. Schon längst haben sich – völlig losgelöst von der Kirche – neue Formen von Religiosität entwickelt, während Bindung an die Institution immer mehr nachläßt. Von der Kirche enttäuscht oder nie mit ihr in Kontakt gekommen, finden viele Menschen in kleinen Gruppierungen Erfüllung ihrer religiösen Bedürfnisse: Tiefe und Intimität der religiösen Erfahrung, Halt, wenn auch oft in Abhängigkeit; menschliche Nähe und Solidarität. Spirituelle Bewegungen kommen gleichermaßen vom Osten wie vom Westen mit jeweils anderen Akzenten.

Gewiß, man kann hinweisen auf die ehrliche Überzeugung so vieler Gläubiger, auf ihr gewissenhaftes Mühen und die von ihnen durchgehaltene Treue. Aber ist nicht gerade diese Frömmigkeit in Verruf geraten als „folgenlose Innerlichkeit“? Ihr persönlicher Einsatz, ihr Eifer und ihre Pflichterfüllung in Ehren, sagt man, aber das ändert doch nichts an den Strömungen der Zeit.

Darum ist es notwendig, genau hinzuschauen, warum religiöses Leben trotz ständiger Anstrengungen nicht die überzeugende Ausstrahlung hat. Im kirchlichen Leben decken sich Ausdruck des Glaubens – wie er in den Sakramenten und in der Liturgie vollzogen wird – und eigene Lebenserfahrung nicht mehr. In den Gebeten, Lesungen und Predigten hören die Kirchenbesucher häufig: „Wir sind erlöst und befreit". Dabei spürt ein großer Teil des Kirchenvolkes von dieser Erlösung nicht viel, und die eigene Lebenslast bleibt nach wie vor dieselbe. Einst gaben die heiligen Texte unmittelbar die Erfahrung von Erlösung wieder. Sie ließen erkennen, was geschieht, wenn die heilenden Quellen des Religiösen aufbrechen: Menschen werden befreit von Ausweglosigkeit, Ängsten, Einsamkeit und allen seelischen und sogar körperlichen Leiden (vgl. Lk 6,18f).

Erfahrung von Erlösung im Sinne des Neuen Testaments ist heute eher die Ausnahme. Es wird aber gelehrt und immer neu gesagt, daß alle (als Kinder) Getauften „erlöst" seien. Der einzelne Christ muß nun das, was in den Ursprüngen des Christentums Bestandteil eigener Lebensgeschichte war, „für wahr halten". Die einst erfahrene Erlösung wurde zur geglaubten. Die Wirkungen der Taufe – ursprünglich das Neuwerden eines Erwachsenen in einem gelebten Prozeß – wurden zum Inhalt einer Lehre, die kaum in Bezug zum tatsächlichen Leben steht. Was einst mit „Wiedergeburt" umschrieben wurde, war eine Wandlung der emotionalen Kräfte von Grund auf. Und diese Wandlung bleibt bei den meisten Christen aus. Wenn religiöse Unterweisung keine Anleitung gibt, das Ureigenste und die damit verbundene Lebensfreude und Einsatzbereitschaft im einzelnen aufzuspüren, empfinden sie junge Menschen als etwas Übergestülptes und Fremdes. So ist es zu verstehen, daß viele aus gut katholischen Familien dem heimischen Milieu entwachsen und ihre kirchliche Bindung wie überflüssigen Ballast abwerfen. Wer eigene Erfahrung nicht zulassen darf, muß auf Autoritäten vertrauen. Aber ein auf Autorität aufgebautes Lebenskonzept läßt die tieferen Schichten der

Seele, wo die Dynamik des Lebens sitzt, unberührt. Die Eigentätigkeit der Urbilder, die Spontaneität und Einfallsreichtum mit religiöser Tiefe verbinden, wird nicht geweckt. Die religiöse Urerfahrung, deren Wucht Menschen von innen her einmal umgestürzt und zum Heroismus befähigt hat, ist dieser Art von Frömmigkeit unbekannt. Für viele Menschen in unserem Land – auch für solche, die zur Kirche gehören – sind die heilenden und erlösenden Quellen des Religiösen versiegt. Bei der Überprüfung unseres gelehrten und gelebten Christentums wäre es allerdings ungerecht, pauschal von Pharisäismus im Sinne eines bewußten Heuchlertums zu reden. Man muß sich fragen: Was bewegt Menschen in unserem Land dazu, bei bedrängenden Lebensproblemen – einschließlich ihrer Suche nach Sinn – nach Angeboten außerhalb der Kirche zu greifen? Im kirchlichen Raum zeigt sich vielfach eine gewisse Blindheit für die Not und die lebensfördernden Bedürfnisse der Menschen. Denn sie geben sich nicht zufrieden, wenn ihnen zwar das Heil von Christus verkündigt wird, sie aber nicht wirklich aus den Verstrickungen ihres Daseins befreit werden.

Gesucht wird deshalb eine Form des christlichen Glaubens, die den Menschen von innen her entlastet, die ihn in seinen Bedürfnissen und Motivationen umgestaltet, ohne ihm seine Freiheit zu nehmen und ihm Fremdes zuzumuten, gefragt ist eine Frömmigkeit, die hilft, Lebenskrisen zu bewältigen, einseitige und verkehrte Einstellungen zu erkennen und die zu einem Erleben, Denken und Handeln auf höherem Niveau befähigt. Eine solche Neugestaltung des gesamten Lebens kann nur in einer Atmosphäre emotionaler Sicherheit geschehen. Dazu braucht es kleine überschaubare Räume und den inneren Reichtum und die schöpferische Kraft lebendiger Menschen. Die Veränderung kann nicht von Institutionen ausgehen, und mit pauschalen Angriffen auf die Institution tritt keine Besserung ein. Erfolgreicher scheint der Weg, den jeder selber geht. Denn ohne die Wandlung des einzelnen geschieht nichts – mit ihr sehr viel.

## Lebendige Utopien

„Ich aber sage euch: Streitet nicht mit dem Bösen, sondern wer dich auf deine rechte Wange schlägt, dem halte auch die andere hin“ (Mt 5,39).

„Darum sage ich euch: Macht euch nicht Sorge für euer Leben was ihr essen oder trinken, noch für euren Leib, was ihr anziehen werdet . . .
Seht auf die Vögel des Himmels! Sie säen nicht, sie ernten nicht, sie sammeln nicht in die Scheunen, und euer himmlischer Vater ernährt sie. Seid ihr nicht viel wertvoller als sie“ (Mt 5,25–26).

Das Wort vom Verzicht auf Wiedervergeltung und Sorge um den Lebensunterhalt widerspricht menschlicher Erfahrung. Ist doch das Gesetz, welches den Schutz des einzelnen garantiert, auf Vergeltung aufgebaut. Ähnlich verhält es sich mit der Sorge um die einfachen Bedürfnisse des Daseins, um Essen, Kleidung, Wohnung. Hier es den Vögeln nachzutun, scheint eher verantwortungslos denn als Zeichen eines tiefen Glaubens. Deshalb werden solche Vorstellungen als utopisch bezeichnet, als Entwurf, der sich wohl nie verwirklichen läßt. Und doch ist nicht mehr abzustreiten, daß das Wort „Utopie“ in den letzten Jahrzehnten große Bedeutung erlangt hat. Man kann Utopie als Traum von einer Zukunft bezeichnen, der als Leitlinie das Handeln im Hier und Jetzt beeinflußt.

Im Staatslexikon lesen wir über „Utopie“ folgendes:

Utopie nennt man eine unausführbare Idee, besonders einen Weltverbesserungsvorschlag der frei spielenden Phantasie. Der Name geht zurück auf die Schrift „Utopia“ (U-topia: Unland, Nirgendland) von Thomas Morus. Utopia wurde zum Allgemeinausdruck für den Traumstaat, in

dem die ewige Glücksehnsucht des Menschen, das „Goldene Zeitalter“ der Alten, das „Tausendjährige Reich“ des Mittelalters, der sozialistische „Zukunftsstaat“ und der Mythos vom „Dritten Reich“ der Gegenwart sich erfüllt.[3]
Ein überstarkes Wunschbild, starker Glaube und große Hoffnung kennzeichnen die Vertreter solcher politischen Richtungen. Als Vorstellung eines vollkommenen Glückes hat die politische Utopie auf viele so magische Anziehung ausgeübt, daß sie bereit waren und es noch sind, alle bisherigen Werte, selbst ihr Leben, daranzusetzen.
Entwürfe eines zukünftigen, konfliktfreien und glückbringenden Gemeinwesens sind immer zu Krisenzeiten der Menschheit aufgetaucht. Als erster entwickelte Plato eine solche Idee in der Zeit des Niedergangs der altgriechischen Demokratie.
Im unruhigen 13. Jahrhundert sah Joachim v. Fiori das Zeitalter des Heiligen Geistes als die vollkommene Zukunft heraufkommen. In der Wende zur Neuzeit war es Thomas Morus, und in der jüngsten Vergangenheit die politische Utopie des „Tausendjährigen Reiches“. In der Gegenwart faszinieren utopische Ideen junge wie nicht mehr ganz junge Menschen.
Die Bergpredigt als politische Utopie würde dann besagen: Es wird eine Gesellschaft sein, in der Menschen zusammen leben, die zwar arm, aber glücklich sind; der Unterschied von arm und reich besteht nicht mehr; das Privateigentum ist abgeschafft und somit die Herrschaft von Menschen über Menschen; damit haben die Menschen aufgehört, einander zu übervorteilen, einander auszubeuten und zu unterdrücken; alles, was in der Bergpredigt als Gebot aufgestellt wird, ist Wirklichkeit geworden; die Menschen neh-

men einander an; Konflikte sind nicht mehr Anlaß zu dauernder Feindschaft; Haß, Begierde, Habsucht und Neid vergiften nicht mehr die Herzen; Offenheit und Ehrlichkeit prägen den Umgang miteinander; das Schwören wird überflüssig; vor allem aber gibt es keine Gewaltandrohung und -anwendung mehr; Krieg und Kriegsdienst gehören der Vergangenheit an; Versöhnung ist nicht nur Privatangelegenheit, sondern geschieht auch zwischen den politischen und wirtschaftlichen Machtblöcken.

Die bekannteste Vertreterin der Bewegung, Christentum in konkrete politische Gestalt umzusetzen, ist die protestantische Theologin Dorothee Sölle. In ihren Schriften spürt man leidenschaftlichen Einsatz für alle Leidenden, für alle Armen und Unterdrückten. Sie sieht die Radikalisierung des Glaubens in der Radikalisierung der sozialen Praxis.[4] Da das Hauptübel für Sölle im Kapitalismus liegt, tritt sie für dessen Abschaffung ein. Eine nicht unbedeutende Zahl sozial engagierter Christen stimmt ihr zu.
An dieser Stelle ist die Theologie der Befreiung in Lateinamerika zu nennen, in der sich Kritik am bestehenden sozialen Elend mit Visionen einer glücklichen, von Gott geschenkten Zukunft verbindet. Franz Alt stellte in seiner Schrift „Frieden ist möglich“ konkrete Forderungen aus dem Geist der Bergpredigt an die Politiker, damit Nachrüstung verhindert werde. Er ist davon überzeugt, daß es einzig am guten Willen der Menschen liegt, ob sie so handeln, wie Jesus es meint.

„Die Bergpredigt ist nicht wirkliche Wirklichkeit, aber eine mögliche Wirklichkeit. Weil wir so handeln können, sollen wir so handeln. Die Bergpredigt ist die konkrete Utopie“.[5]

Kennzeichen der genannten Anschauungen ist, daß sie zum unmittelbaren Handeln aufrufen und die Umgestaltung der politischen Wirklichkeit verlangen.
Nicht nur der einzelne, der als solcher nicht viel vermag, sondern die großen Institutionen wie Staat und Kirche sollten in der Gesinnung Jesu handeln. Die Vertreter der beschriebenen Ideen sehen es als ihre Aufgabe an, dahingehend die öffentliche Meinung zu beeinflussen und Mehrheiten zu bilden.
Vielen im christlichen Raum macht eine radikale Einforderung der Botschaft Jesu aber Angst. Kirchenleitungen befürchten bei derart hochgesetzten Normen das Ende der Volkskirche; nur eine Elite könne sie erfüllen. Gegner einer utopischen, politischen Auslegung der Bergpredigt sagen deshalb, daß Vertreter dieser Richtung den Menschen und die politische Lage zu wenig realistisch einschätzten, sie ließen das Grundbedürfnis des Menschen nach Sicherheit außer acht, seine Angst vor Veränderung und seine angeborene Neigung, sich selbst auf Kosten anderer durchzusetzen. Es gibt die begründete Meinung, der Staat könne zwar dem ungezügelten Besitzstreben und der Gewalt durch Gesetze Einhalt gebieten, durch Veränderung der äußeren Gegebenheiten bessere Bedingungen schaffen, aber die elementaren Antriebe des Egoismus doch nicht ausrotten. Auch Erziehung und Aufklärung schaffen das nicht; denn es würde Erzieher und Aufklärer voraussetzen, die selbst von solchen Einstellungen frei sind.
Um die Forderungen Jesu in die Tat umzusetzen, müßte deshalb zuerst ein Weg aufgezeigt werden, wie Angst und Egoismus überwunden werden können. Bloße Willensanstrengung hat sich bisher als unzureichend erwiesen. Bei aller sach-

lichen Kritik dürfen die Stimmen nicht überhört werden, die auf die Schattenseiten des verbürgerlichten Christentums in den Industrieländern aufmerksam machen. Gerade manch überzogene Aussage muß als Ausdruck von unterdrückter Wahrheit gewertet werden. Wer den Blick davon nicht abwendet, wer sich darauf einläßt und nach Auswegen sucht, tut sich selbst und den Menschen einen besseren Dienst, als wenn er in bloßer Abwehr stecken bliebe. Lebendige Utopien halten die Vision einer gerechteren und friedvolleren Welt hoch.

## Auf der Suche nach dem Zugang

Viele Versuche, die Bergpredigt für die Menschen unserer Zeit zu erschließen, lassen den Leser ratlos zurück. Solche, die einer politischen Umsetzung und unmittelbar praktischem Handeln das Wort reden, setzen heroische Gesinnung und Entscheidung für eine bestimmte politische Richtung voraus. Wenn sie dazu noch mit Emotionen aufgeladen sind, sprechen sie nur jene Menschen an, die schon auf eben dieser Wellenlänge liegen.

Wer in seiner inneren Ausrichtung anderswo steht, dem erscheint die geballte Wucht von Aufrufen, Klagen, hochgesteckten Erwartungen und Verheißungen wie ein vorbeifahrender Zug, auf den er nicht aufspringen kann und dessen Ziel er nicht kennt.

Aufgeregte Reden mit Höchstforderungen überspringen zudem den eigenen Schatten und den der anderen; besonders wenn der Eindruck erweckt wird, das Gute – sprich: Friede und Gerechtigkeit – sei nur vom guten Willen einiger weniger abhängig.

Andererseits führt auch eine exakte, wissenschaftlich fundierte Darstellung der „sittlichen Botschaft des Neuen Testaments" nur zu der Erkenntnis, daß man die Botschaft Jesu in ihrer Härte und Schroffheit nicht erweichen und abschwächen dürfe, daß es unter Christen bezüglich der konkreten Verwirklichung aber zu verschiedenen Auffassungen kommen könne. Wie ein höheres ethisches Niveau möglich wäre, wird jedoch nicht aufgezeigt.[6]

Wege für den „normalen" Christen müssen so beschaffen sein, daß sie dort beginnen, wo der einzelne steht: bei seiner Not, bei seinem Zweifel, bei seiner Angst und bei seinem Idealismus.

Es wird sich als dauerhafter und überzeugender erweisen, mehr auf langsame innere Entwicklung zu setzen als auf große auffallende Aktivitäten. Sollen die heiligen Texte im Leser und Zuhörer etwas in Bewegung setzen, dann ist zuerst der Rahmen zu beachten, in dem ein Mensch denkt und fühlt. Die Wahrnehmungspsychologie sagt uns, daß innere Faktoren im Menschen seine Wahrnehmung beeinflussen. Ohne es zu merken, wählen wir bestimmte Dinge oder Werte aus, geben ihnen einen eigenen Akzent, bringen sie in einen bestimmten Zusammenhang und stellen sie in eine uns schon vorgegebene Ordnung.[7] So verfahren wir auch mit der Hl. Schrift. Deshalb gibt es so viele verschiedene Meinungen darüber, wie Worte der Bibel verstanden werden können. Um der Wahrheit auf die Spur zu kommen, ist es unerläßlich, seinen eigenen – durch die eigene Lebensgeschichte geprägten – Wahrnehmungshintergrund näher anzuschauen. Die „Seelenlosigkeit“ so vieler Menschen unserer Zeit, das heißt: ihre Unfähigkeit zu tiefen und echten Gefühlen – ist eine Lücke des Wahrnehmungs- und Erlebnisfeldes. Sie macht es unmöglich, Texte von bedeutungsvollem Inhalt richtig zu verstehen. Der Mangel an Erfahrung des Heiligen als etwas Hohem, Erhabenem, Begütigendem und Versöhnendem hängt damit zusammen. Deshalb sei die Anfrage erlaubt: Wie soll jemand Zugang finden zu den heiligen Texten, wenn er für das Heilige in sich selbst keinen Sinn hat? Das „Heilige“ – verstanden als eigentätigen, tragenden Erlebnis- und Wahrnehmungsgrund!
Einen zweiten Hinweis können wir der psychotherapeutischen Methode von Carl Rogers entnehmen, die in Deutschland als Person-zentrierte Gesprächsführung und als Gesprächspsychotherapie bekannt ist. Der Hauptakzent liegt hier

im wertschätzenden und einfühlenden Verstehen für den Hilfesuchenden. Einfühlen und Verstehen kann aber nur gelingen, wenn der Beratende sich ganz in den Erlebnisrahmen des Leidenden hineinbegibt. Das setzt voraus, daß der Therapeut Ähnliches schon erlebt und durchgestanden hat. Das Persönlichste ist das Allgemeinste, sagt Rogers.

Im inneren Erleben berühren sich beide; es entsteht ein Feld der Gewißheit und des Vertrauens; die zermürbende Last des Nicht-Verstanden-Werdens, des Ausgestoßen-Seins, der Ablehnung und Minderwertigkeit fällt ab. Durch die Teilnahme am Schicksal des anderen verändern sich auch beim Zuhörenden Sehen, Fühlen und Urteilen.

Für die Suche nach einem Zugang zur Bergpredigt heißt das: überprüfen, wie weit mein eigener Wahrnehmungs- und Erlebnisrahmen dem entspricht, in dem die Bergpredigt entstanden ist. Man kann sich fragen: Wie muß ein Mensch gefühlt und gedacht haben, der Vergeltung in keinem Fall für gerechtfertigt hielt, der Wohlwollen sogar noch für den Feind aufbrachte? Von welchen Impulsen, Motivationen und Vorstellungen war er erfüllt?

Eine zufriedenstellende Antwort ergibt sich hier nicht aus einer bloß gedanklich weiterführenden Überlegung, sondern aus einer Wandlung meiner Erlebniswelt. Erst wenn ich Ähnliches innerlich wenigstens annähernd nachvollziehen kann, habe ich den Urheber dieser Worte verstanden. Dabei tut es wenig zur Sache, ob das Wort unmittelbar von Jesus stammt, oder ob es Ergebnis einer von seinem Geist geführten Glaubenserfahrung seiner Jünger ist. Im Verstehen tut sich – wie im personzentrierten Gespräch – eine Nähe auf, wobei das Innere des Hörers aufgeschlossen und zum Weitersuchen angeregt wird. Diese Sicht des Zugangs gibt eine Erklärung, warum ein Mann wie Gandhi auf die Bergpredigt spontan reagiert und sie voll und ganz bejaht hat. Die Worte Jesu trafen bei ihm auf eine schon vorliegende Bereitschaft, die geprägt war von der tiefen Religiosität eines Hindu. Diese beinhaltet Demut und Ehrfurcht vor allem Lebenden und lehnt jede Gewalt ab.[8] Der Heilige der Hindus fand sich mit seiner Grundüberzeugung in den Worten Jesu wieder und wurde zum weiteren Handeln in seinem Sinn beflügelt.

In diesem Zusammenhang soll auch der heilige Franziskus erwähnt werden, in dem das Evangelium buchstäblich auflebte. Bekannt ist, daß ihn jene Stelle aus der Schrift traf, die da lautet: Sie sollten „weder Gold noch Silber, weder Reisetasche noch Beutel mit sich nehmen, weder Schuhe noch zwei Röcke" (Mt 10,10). Diesem Ereignis war ein langer innerer Prozeß vorausgegangen, in dem sich sein innerer Erlebnisgrund, sein „Unbewußtes", schon umgestellt hatte. Sein innerer Weg begann, als er auf seine Träume achtete und deren Stimme lauschte.[9]

Wenn es auf die Wandlung des Erlebnisrahmens ankommt, dann werden alle jene Zugänge zur Bibel, die den eigenen Erfahrungshorizont ausklammern, wenig ausrichten. Man mag exakte historische Studien machen, aber die Umsetzung in die Wirklichkeit des Hier und Jetzt bleibt der bloßen Willensanstrengung überlassen. Die Sinnspitze der Botschaft Jesu, welche Leben wecken und inspirieren will, wird damit nicht getroffen. Die historisch-kritische Methode der wissenschaftlichen Exegese ist demnach für den Zugang zur Bergpredigt nur bedingt brauchbar.[10]

Gerade die objektivierende Art hält ja die Texte vom Menschen fern. Wenn einer reiches Wissen um die historischen Zusammenhänge hat, – selbst wenn er zur Zeit Jesu gelebt hätte – ist das noch keine Garantie dafür, daß er Jesus und seinem ureigensten Anliegen nahekommt. Entscheidend ist die innere wesensmäßige Verwandtschaft. Es sei noch einmal auf Gandhi verwiesen.

Eugen Drewermann sagt dazu: „Nicht die historische, sondern die wesensmäßige Gleichzeitigkeit als Hörer der religiösen Botschaft eröffnet ein wirkliches Verstehen – jeder andere Weg verläuft sich in eine Wüstenei von Nichtigkeiten und Vordergründigkeiten."[11]

Deshalb gilt es, die Frage auszuhalten, inwieweit das traditionelle Verständnis von Christentum aus dem befreienden, beglückenden und überwältigenden Erfahrungshintergrund der heiligen Texte genährt wird. Es läßt sich nicht leugnen, daß auch kirchlich geformte Personen arge Fehlhaltungen aufweisen, vor allem, daß bisweilen die Angst vor Gott und voreinander mächtig ist. Bei der herkömmlichen Art, mit der Bibel umzugehen, wird auch wenig auf die tatsächlich vorhandene Grundeinstellung geschaut.

Notwendig sind Formen der religiösen Praxis und der Arbeit an sich selbst, die den unbewußten Seelengrund aufschließen und Grundeinstellungen verändern. Ganz allgemein läßt sich sagen: Hilfreich sind alle Arten des Gesprächs, des religiösen Redens und Tuns, die den einzelnen in der Tiefe ansprechen. Wenn die Gewißheit eintritt: „Ja, das bin ich; da fühle ich mich angesprochen", ist der Seelengrund berührt. Das Ausmaß des Betroffenseins ist verschieden und unterliegt einem Prozeß. Erst nach und nach öffnet sich etwas von innen her. Dazu kommt, daß dem Unbewußten die Chance eingeräumt werden muß, eigentätig zu werden. Wer ständig aktiv ist und seine Probleme mit Intellekt und Willen in den Griff bekommen will, verhindert das innere Geschehen. Deshalb ist bei der Erschließung des inneren Menschen die aufmerksame Stille im Gespräch von so großer Wichtigkeit, wo ein Gedanke von ganz unten her sich bilden kann. Nicht die geschliffene Formulierung macht es aus, sondern die innere Beteiligung, so daß Gefühl und Sprache mehr und mehr übereinstimmen.

Um in den seelischen Grund hinabzusteigen, sind im letzten Jahrzehnt viele Formen der Meditation entstanden. Im Unterschied zum analytischen Denken, wo das Ich aktiv ist, handelt beim Meditieren der Seelengrund; das Ich ist eher empfangend.

Ich nehme ein Wort aus der Hl. Schrift als Anstoß und lasse die Bilder, Einfälle und Gefühle aus dem Unbewußten aufsteigen.

Die bildlose oder übergegenständliche Meditation – auch Kontemplation genannt – nimmt das Tätigsein des Ich noch mehr zurück. Die Konzentration auf ein Wort im schweigenden Sitzen bewirkt, daß dem Seelengrund der volle Raum der seelischen Welt gegeben wird. Das ist ein Abstieg unmittelbar in die seelische Tiefe. Von dort werden auch neue Kanäle für das Emotionale geöffnet. Konkret heißt das: Vieles, woran früher das Herz hing, wird unbedeutend; anderes hingegen, was echt und wahr ist, gewinnt an Anziehung. Diese Methode hat den Vorteil, daß sie an eine religiöse oder weltanschauliche Voraussetzung gebunden ist. Das Einüben ist allerdings sehr mühsam und wegen des hohen Anspruchs nicht für jeden Menschen und für jede Lebenssituation das Richtige. Als Zugang zur Botschaft Jesu ist sie insofern geeignet, als sie die innere Aufnahmefähigkeit fördert. Auffallend ist, daß bei Meditationskursen Gottesdienste mit großer Ergriffenheit gefeiert werden; das Wort Gottes fällt ganz tief hinein. Hier trifft es wirklich zu, daß der Wahrnehmungs- und Erlebnisrahmen erweitert wird.

Die Stille führt auch an das Verständnis und den Umgang mit Träumen heran. Das Modell C.G. Jungs von der Seele und seine Methode, das Unbewußte zu erschließen, erweisen sich auch für die Vertiefung des Glaubens als sehr hilfreich. Es wird möglich, Anschluß zu finden an die tragenden und sinnstiftenden urreligiösen Kräfte. Das Innerste und Ureigenste kann erwachen. Jung hat bei der Traumarbeit folgendes Vorgehen praktiziert: Die durch einen Traum wachgerufenen Erfahrungen und Vorstellungen werden mit denen der Menschheit erweitert – „amplifiziert". Dadurch wird die unbewußte Seele angeregt. Der Vorgang weckt Interesse, läßt Gefühle fließen und schlägt die Verbindung zur Wirklichkeit. So wird es möglich, sich selbst und die anderen in ihren Reaktionen zu verstehen. Vor allem erhält der Analysand die Gewißheit: „Ich bin selbst dabei. Der Traum ist ein Stück von mir." Seine Botschaften gewinnen an Bedeutung. Ähnliches geschieht in der von Jung gefundenen aktiven Imagination, auch „gelenkte Fantasie" genannt. Jung wies nach, daß Symbole aus Träumen von jetzt Lebenden und Urbilder aus einer längst vergangenen Zeit – wie der biblischen Welt – aus demselben seelischen Wurzelstock, dem kollektiven Unbewußten, stammen. Darum ist es berechtigt, mit seiner Methode auch die Bilder und Symbole der Heiligen Schrift zu erschließen. So kann ein Verstehenshorizont entstehen, in dem die Rede Jesu zu leben beginnt. Wenn die kraftaufgeladenen Bilder anfangen zu wirken, ziehen sie ähnliche nach sich. Man stößt wie bei Ausgrabungen einer verschütteten Stadt auf einen inneren Bauplan. Wo an der Oberfläche nur einige Hügel oder Einbuchtungen zu sehen waren, ergeben sich – wenn man in der Tiefe forscht – sinnvolle Zusammenhänge. Verbindungen werden offensichtlich, die bei der philologischen und textkritischen Arbeitsweise nicht erkennbar sind, die aber dem Fluß des Lebens entsprechen – in diesem Fall eines von der Nähe Gottes berührten und verwandelten Lebens. Wem die ordnende, nach ihren eigenen Gesetzen tätige Schicht der Urbilder verschlossen bleibt, dem wird so manche Deutung willkürlich erscheinen. Ohne die lebendige Bindung an den Urgrund, aus dem heraus die Hl. Schrift entstanden ist, wird ein Verstehen nicht möglich sein. Ohne den vollen Einsatz des Suchenden kann die Methode allerdings nicht fruchtbar werden. Doch im letzten liegt es nicht in den Händen von Menschen, ob die Worte des Sohnes Gottes aufgehen und leuchten.

# Das enge Tor

„Geht hinein durch das enge Tor! Denn weit ist das Tor, und breit ist der Weg, der ins Verderben führt, und viele sind es, die hineingehen auf ihm. Doch wie eng ist das Tor und wie schmal der Weg, der zum Leben führt, und wenige sind es, die ihn finden." (Mt 7,13–14)

Auf der Suche nach dem Zugang bietet sich von selbst das Bild des Tores an. So liegt es nahe, jenen Spruch vom engen Tor und vom schmalen Weg, der im Aufbau der Bergpredigt am Ende steht, an den Anfang zu stellen.

Um den Sinn der Texte zu finden, muß man also in eine neue, bisher noch unbekannte Erlebniswelt vorstoßen. Das ist wie das Öffnen einer Tür und das Durchschreiten eines Tores.

So dürfen wir auch eine zweite Stelle mitheranehmen, die vom Vorgang des Öffnens und Hineingehens spricht. Den vertrauensvoll Betenden verspricht Jesus: „Bittet, und es wird euch gegeben werden; suchet, und ihr werdet finden; klopfet an, und es wird euch aufgetan werden. Denn jeder, der bittet, empfängt, und wer sucht, der findet, und wer anklopft, dem wird aufgetan werden". (Mt 7,7–8)

In Träumen erscheint das Bild des Tores und des Weges in verschiedenster Form. Es kann sein, daß wir vor einem prächtigen mittelalterlichen Kirchenportal stehen; oder wir müssen durch einen engen schmalen Gang oder durch ein Tunnel, das finster und bedrückend vor uns liegt. Ein anderes Mal steigen wir im Gebirge durch einen dünnen Felskamin ab, ohne zu wissen, was uns unten erwartet. Der Träumer befindet sich in der Wirklichkeit dann meist in einer schwierigen Situation – er muß, von emotionalen Kontakten nach außen abgeschnitten, ganz allein eine Entwicklungsphase durchstehen. So steht er wie vor einer verschlossenen Tür: alles ist grau, mühevoll, wie verhext. Dann plötzlich ist die innere Welt umgedreht; als hätte sich eine „Tür" aufgetan: alles ist hell, leicht, einfach, selbstverständlich. Die Enge des Tores, Tunnels oder Kamins – das sind die bedrückenden Stimmungen der Angst, Einsamkeit und Verbitterung und die andrängenden Impulse der Welt und des Haderns. Wenn jemand „durch" ist, zeigt sich ihm eine neue Seelenlandschaft.

Anschaulich als Prozeß wurde das Durchschreiten des Tores bei einem Bibel-Wochenende. Der erwähnte Text vom Tor und Weg (Mt 7,13–14) wurde zur Grundlage einer gelenkten Fantasie. Die Teilnehmer sollten sich vorstellen, auf einem schmalen Gebirgspfad zu sein. Im Verlauf ihrer Wanderung stehen sie ganz unerwartet vor einem verschlossenen Tor.

Eine Teilnehmerin wurde unruhig und stieg aus der Übung aus. Darauf angesprochen, sagte sie, hinter dem Tor habe sich eine schreckliche Finsternis aufgetan. Sie brach in Tränen aus und gestand, daß sie erst vor wenigen Monaten ihren Sohn verloren hatte. Ich riet ihr, in ein Gespräch mit der Finsternis einzutreten. Als die Dunkelheit Worte bekam, wurde sie faßbarer. Das Handeln in der Berührung mit dem Schmerz half der Frau aus der Erstarrung; die Ausweglosigkeit verlor etwas von ihrem Schrecken. Am Ende des Kurses erklärte sie, sie sei froh darüber, dem Schmerz nicht ausgewichen, sondern in ihn hineingegangen zu sein. So hatte sich in der Tat ein Tor aufgetan: die Last war nicht mehr so drükkend; sie fühlte sich leichter und empfand etwas wie Gewißheit, die stärker war als der Verlust des geliebten Menschen. Es war ein wenig Licht in die Nacht gelangt.

Eine andere Teilnehmerin traf hinter dem Tor auf ein Reh. Es näherte sich ihr, schmiegte sich an und begleitete die Wanderin bis auf den Berg.
Wenn ein Tier seine Scheu verliert, bedeutet das: hier beginnt einer auf neue Art zu leben; alle Wesen sind einander verwandt und nahe, nicht mehr fremd und feindlich. Das ist die neue Sicht von der Welt; sie führt auf den „heiligen Berg", der nach den ältesten Vorstellungen die Mitte aller Wesen und der Welt ist. Die Führung durch das Reh erinnert an den messianischen Frieden bei Jesaja (Jes 11,6–9). Auch dort ist es der heilige Berg, von dem der Friede ausgeht.
Vor diesem Hintergrund darf man den Bericht, daß Jesus auf den Berg stieg (Mt 5,1), tiefer und umfassender verstehen und annehmen, daß er mehr bezeichnet als nur einen günstigen Platz zum Reden.
Was hier in der Vorstellung geschah – das Gehen durch das Tor, die Begegnung mit dem zahmen Reh, der Aufstieg auf den heiligen Berg – zeigt den Beginn einer realen, psychischen, ganzheitlichen Entwicklung. Im Zeitraffertempo wird der Prozeß der Wandlung dargestellt und vorweggenommen. Der Kontakt zu neuen Gefühlen, die ganz wesentlich die Motivation eines solchen Menschen in den nächsten Jahren bestimmen können, ist hier bereits Wirklichkeit geworden. Emotionale Entlastung, vertiefte Freude und das Glück, das aus der Berührung mit dem Heiligen kommt, prägen die Stimmung am Ende des Kurses.
Für viele bringen solche Tage ein Erwachen zu neuen Lebensinhalten. Der innere Mensch beginnt zu leben. Das Empfinden, überfremdet und überlastet zu sein, schwindet; an seine Stelle tritt die Überzeugung: „Es geht um mich, um mein Ureigenstes. Dafür setze ich Zeit, Mühe

und Geld ein.“ Der neue Erlebnisrahmen soll gefestigt und erweitert werden. Es bilden sich neue Wertmaßstäbe, die sich auch nach außen bemerkbar machen. Die Beziehungen zu Menschen und Dingen bekommen andere Akzente. Die neuen Einstellungen sind Ergebnis eines Durchgangs, eines Prozesses, der aber ganz bestimmte Haltungen und Anstrengungen voraussetzt.

Zu dem, was hier gemeint ist, kann uns das Bild des Tores hinführen. Das Tor hat einen Wächter, der bestimmt, wann und wem es geöffnet wird. Übertragen auf die Realität bedeutet das: Niemand kann von sich aus möglich machen, ob und wann sich ihm das Innere öffnet, ob und wann ihm tröstende Einsichten und der Anschluß an den Fluß der inneren Kraft zuteil werden. Es gibt einen Raum in uns, über den wir nicht verfügen können. Das Wesentliche – das, was vom Wesen kommt – geschieht von sich aus. In der Mythologie wurde von den Mächten und Gewalten gesprochen, die unser Schicksal bestimmen. Indem wir demütig sind und ihr Wirken anerkennen, werden sie uns gnädig und gewähren uns Einlaß. Im christlichen Bereich spricht man von der Gnade Gottes. Im Johannes-Evangelium ist vom Vater, der zieht, die Rede (Joh 6,43). Wer den Durchgang gewagt hat, hat Demut, Ehrfurcht und Dankbarkeit gelernt. Er kann jetzt andere, die nicht denselben Weg gegangen sind, lassen, wie sie sind; er weiß: alles, was mit ihm geschah, ist ein Geschenk.

Die Gestalt des Wächters bringt uns noch auf andere Eigenschaften: Wachsamkeit und Unterscheidungsvermögen gehören ganz wesentlich zu ihm. Will ich eintreten, muß ich mir diese Tugenden aneignen; ich muß sozusagen die Rolle des Wächters übernehmen. Wachsam sein heißt: die Augen offen halten für uns, was innen und außen vorgeht. Es ist ein Gespür für das Echte, für das, was trägt, was entscheidet, für das, was weiterhilft und wertvoll ist. Eine Wende im Leben eines Menschen tritt dann ein, wenn er seine eigenen Anteile an einem Konflikt erkennt, statt die Lösung nur von den anderen und deren Veränderung zu erwarten. Indem er sein Leid, seine Angst, seine Einsamkeit als seine eigene Lebensaufgabe annimmt, gelangt er an den Punkt, wo sich etwas lösen kann. Je mehr er die bedrängenden Gefühle an sich heranläßt, desto eher kommt das gesamte Erleben und Reden auf eine tiefere Ebene. Es ist ein mühsames Sich-voran-Tasten, wie das Gehen in einem dunklen, unbekannten Raum.

„Müht euch, durch das enge Tor zu gehen", antwortet Jesus auf die Frage, ob viele gerettet werden (Lk 13,23). Nur so öffnet sich das innere Universum, wo Jesus gelebt und von dem heraus er die Welt gesehen hat. Aufmerksamkeit, Einfühlungsvermögen und Sinn für Bedeutsames lassen uns Menschen, Tiere und Pflanzen von innen her schauen. Weder große pathetische Worte, noch Stürme der Begeisterung oder wuchtige Appelle erschließen den Zugang zur Welt Jesu. Sie können nicht jenes feine Empfinden hervorrufen, das in einer einfachen Wiesenblume mehr Schönheit und Glanz entdeckt als im Zauberschloß eines orientalischen Märchenkönigs (vgl. Mt 6,28–31).

Das Einüben solcher Tugenden bringt allerdings wenig Ansehen. Es fehlt das große hinreißende Konzept, meint man; und doch ist es notwendige Voraussetzung dafür, daß kein Lebewesen übersehen, verachtet und zertreten wird.

Die Wachheit und die Unterscheidungsfähigkeit für aufsteigende Impulse ist unerläßlich, um Überschwemmungen von innen her zu vermeiden. Überschwemmungen sind gefährlich, weil sie Kulturlandschaft zerstören; ihr Wasser ist trüb. Damit ist gemeint: Man kann sich mitreißen lassen von Begierden, vom Zorn, von Ideen, von weltanschaulichen „Strömungen". Viele Menschen empfinden es sehr angenehm, darauf zu schwimmen, weil sie Kraft unter sich spüren. Aber der Blick wird getrübt; und die wenigsten wissen, wohin sie getrieben werden. In der Wachheit für den Augenblick und für die Zukunft ist auch jene Klugheit miteingeschlossen, die das „Haus auf den Felsen baut". Die Überschwemmung kann so nicht gefährlich werden (Mt 7,24–27).

Die Wachheit, zu der Jesus auffordert (Lk 21,36), übersteigt eine willentlich eingeübte Wachsamkeit. Dabei ist eher an das Erwachen des inneren Menschen zu denken; was gleichbedeutend ist mit dem Durchschreiten des Tores (vgl. Eph 5,4).

Dieses Wachsein verleiht eine neue Wahrnehmungsfähigkeit.

Noch ein wichtiges Moment ist am Beginn des Innenweges auszumachen: die Entschlossenheit, weiterzugehen. Auch sie ist weniger eine vom Willen getragene Ausrichtung als vielmehr ein Angeschlossensein an die Dynamik einer Entwicklung, an den Archetyp des Weges. Ob der einzelne will oder nicht, er muß immer wieder einen Schritt weiter tun. Es treibt ihn von selbst zu Handlungen, die seine Spannung mindern und ihn seinem Ziel entgegenführen.

„Der Geist trieb Jesus in die Wüste" (Mk 1,3). Dies geschah mit Jesus, als sich bei der Taufe das Tor des Himmels geöffnet hatte.

# Der heilige Berg

„Als er die Scharen sah, stieg er auf den Berg, und nachdem er sich gesetzt hatte, traten seine Jünger zu ihm, und er tat seinen Mund auf, lehrte sie und sprach: Selig die Armen im Geiste, denn ihrer ist das Himmelreich" (Mt 5,1–3).

Aus der Sicht der Tiefenpsychologie gewinnt die Stelle vom Berg ebensolche Bedeutung wie der Satz vom engen Tor; sie kann im Verstehen der Rede Jesu weiterführen. Gerade weil der ältere Text bei Lukas (Lk 6,17–49) einen ebenen Platz angibt, muß der Berg bei Matthäus mehr in seiner symbolischen Aussage gesehen werden als in einer historischen Ortsangabe.

Bei Matthäus finden sich immer wieder Berge im Zusammenhang mit wichtigen Ereignissen aus dem Leben Jesu; daraus ergibt sich die Berechtigung, den Symbolwert des „Berges" besonders hervorzuheben. Auf einem hohen Berg widersteht Jesus dem Angebot Satans, die Herrschaft über die ganze Welt anzutreten (Mt 4,7). Auf einem hohen Berg wurde Jesus vor den Augen seines engsten Jüngerkreises verwandelt, so daß sein Gesicht wie die Sonne leuchtete (Mt 17,2). Am Ölberg beginnt der Leidensweg Jesu (Mt 26,30f); auf einem Berg, der „Schädelhöhe", endet er (Mt 27,31). Auf einem Berg in Galiläa erscheint der Auferstandene den Jüngern und sendet sie aus (Mt 28,16f).

In Erklärungen der Bergpredigt wird gewöhnlich auf den Berg Sinai verwiesen, auf dem Mose das alttestamentliche Gesetz von Gott empfangen hat. Ihm wird Jesus als der Gesetzgeber des Neuen Bundes auf dem Berg der Verkündigung gegenübergestellt.

Das Symbol des Berges hätte dann die Aufgabe, Jesus als den Überbringer des Willens Gottes für die Endzeit zu legitimieren. Der Hinweis auf eine äußere Bevollmächtigung Jesu läßt aber Unbehagen zurück. In dieser Sicht erscheint Jesus zu sehr als Autorität, die von außen an die Menschen herantritt und sie mit unerfüllbaren Forderungen überhäuft.

Das Symbol des Berges will in die Erfahrungswelt einführen, in der es seine Bedeutung bekam, und die damit verbundenen Gefühle, Stimmungen, Zustände und Erwartungen wachrufen. Wir dürfen den Berg als Urbild betrachten, als ein im Unbewußten vorhandenes und eigenmächtig wirkendes Vorstellungsmuster, in dem sich Erfahrungen der Menschheit niedergeschlagen haben. Der Anschluß an die Urbilder setzt ordnende und sinnstiftende Kräfte frei, gerade solche, die für ein höheres ethisches Niveau nötig sind. Menschen von heute verbinden mit dem Berg: Einsamkeit, erfüllte Stille, dem Himmel nahe sein, geborgen sein, Weite, Kostbares, das nicht entweiht werden darf. Man kann von einer höheren oder außergewöhnlichen Erlebnisqualität sprechen.

In Träumen ist der Aufstieg auf einen Berg oder der Abstieg von dort ein häufiges Motiv. Sehr oft kommt es vor, daß der Träumende in Serpentinen einen Berg hinangeht, wobei ihn eine Frauengestalt führt.[12]

Eine junge Frau träumt, daß sie eine Wohnung sucht und dann nach einem mühsamen Aufstieg eine Berghütte – ihre neue Wohnung – erreicht. Der Berg ist Hinweis auf Entwicklung und Wachstum der Persönlichkeit, was mit Anstrengung und Alleinsein verbunden ist.

Zu allen Zeiten galten Berge als Bild und Ausdruck höherer Macht. Sie waren Wohnsitz der Götter und Geister, Ort des Heiligen oder des Bösen. Viele Mythologien haben ihren „heiligen

Berg", der als Mitte der Welt – als Berührungspunkt zwischen Himmel und Erde – angesehen wurde. Zu ihm gehört meist ein Tempel oder eine heilige Stadt. Die Vorstellung von einer kosmischen Mitte, gleichbedeutend mit Weltenberg oder Weltachse (axis mundi), ist bei allen Kulturen anzutreffen; sie hat Ausdruck gefunden in den Pyramiden der Ägypter, in den Zikkurats der Babylonier, in den Tempeln Indiens und in den alten mexikanischen Kulturen. Nicht zu vergessen sind die Bergkapellen und Wallfahrtsorte auf heiligen Bergen im christlichen Bereich, nicht zuletzt der Petersdom auf dem mons vaticanus, dem „Berg der Seher". Es geht aber um mehr als um das geographische Zentrum einer Kultur und einer Religion.

Dahinter steht die Erfahrung eines jenseits von Raum und Zeit liegenden gemeinsamen Grundes aller Dinge und Wesen, der Wahrheit allen Lebens, der Mitte der Welt und der Seele zugleich. C.G. Jung berichtet von der Begegnung mit Pueblo-Indianern auf der Hochfläche Neu-Mexikos. In deren Religion spielt ein heiliger Berg, dessen Name nicht genannt werden darf, eine zentrale Rolle. Im Laufe des Gesprächs hörte er einen älteren Indianer sagen: „Meinst du nicht, daß alles Leben vom Berg kommt?" Das war mit vibrierender Stimme, mit tiefer Bewegtheit und Tränen in den Augen vorgebracht. Als erfahrenem Psychotherapeuten, der im Gesicht seines Gegenübers zu lesen vermochte, wurde Jung bewußt, daß der Indianer vom Bedeutsamsten, Wesentlichsten und Heiligsten seines Lebens und dem seines Volkes sprach. Das Heilige, worüber bei uns im besten Fall Theorien aufgestellt werden, lag hier offen, hineinverlegt in den heiligen Berg, als dem Ursprung des Lebens, dem Sinn und der Würde ihres Daseins.[13]

Das Eingeborene, noch in Ursprungskulturen Lebende, außen erfahren, erscheint dem Zivilisierten in seinen Träumen. Die „Mitte der Welt", das „Heilige", wo sich „Himmel und Erde" berühren, ist im Bereich der Seele das Selbst, eine hinter dem kleinen Ich liegende Instanz, Zentrum und Umfang der Persönlichkeit und Quelle der religiösen Erfahrung.
Anschaulich wird das Gesagte wieder beim heiligen Franziskus. Er, der erfüllt war von einem „inneren Erglühen", kam dem „Geheimnis der Dinge" nahe und konnte die Erde „Mutter" nennen.[14] Desgleichen sagt Meister Eckehart von einem Menschen, in dem die Kraft Gottes ist, daß alle Dinge „wesenhaft in ihm stehen."
Daß die Mitte der Welt im Innern zu suchen ist, darauf weisen auch Sagen hin. Im Bereich der germanischen Mythologie wird im Innern des Berges eine schöne Weise, dem Paradies entsprechend, geschildert; oder es geht die Kunde, daß darin Schätze von Gold und Edelsteinen von Zwergen bewacht werden; in heiligen Bergen finden sich sogar Dome oder ein goldener Altar wie z.B. im Untersberg. Diese ins Berginnere verlegten Gegenstände sind Symbole für die „Mitte der Welt". Ins Berginnere gehen, um dort Schätze zu holen, bedeutet dann so viel wie: in das eigene Innere, ins Unbewußte hinabsteigen, um den höchsten Wert des Selbst zu finden.
Das Vordringen ins Innere wird auch durch den Aufenthalt in einer Höhle dargestellt und ist mit dem Aufstieg auf den heiligen Berg verbunden. Man denke an die Höhle des Elija auf dem Horeb (1 Kön 19,8), an die Höhlen, die bei den Heiligen Benedikt, Franziskus und Ignatius erwähnt werden, schließlich an die Grabeshöhle Jesu.
Von fast allen Gestalten, die in die Geschichte als Propheten, Heilige, Religionsstifter oder religiö-

se Führer eingingen, wird berichtet, daß sie heilige Berge aufsuchten und dort – meist in Höhlen – ihre Aufträge von Gott in Visionen erhielten. Dabei muß man beachten: der Empfang eines Anrufes von Gott ist nicht ein äußeres Ereignis, so wie etwa ein Bediensteter den Befehl seines Vorgesetzten entgegennimmt; die Berührung mit dem Heiligen ist vielmehr eine tiefe existentielle Erschütterung, das Eindringen nach innen.

Bei den Indianern wurden Jugendliche im Rahmen der Initiationsriten auf einen heiligen Berg geschickt, um dort Träume mit entsprechenden Weisungen für ihr Leben zu erhalten. Einer, der diesen Ritus vollzogen hat, ist „Schwarzer Hirsch", der Gottesmann der Sioux-Indianer. Als Greis schreitet er zum letzten Mal den heiligen Hügel hinan, um das Gesicht seiner Kindheit aufzurufen. In seinem Gebet bekennt er, daß er damals in die Mitte des heiligen Kreises, in die Mitte der Welt gebracht worden war und dort die Güte, die Schönheit und die Seltsamkeit der grünenden Erde gesehen hatte.[15]

Ein weiteres Beispiel für das Geschehen auf einem heiligen Berg ist im außerchristlichen Bereich auch Gautama Siddharta – der Buddha, was „Erleuchteter" heißt. Auf dem Berg Mienmo wurde ihm die Erleuchtung zuteil. Als er von dort herniederstieg, blendete seine Erscheinung alle, die ihm begegneten. Er war im Seelengrund eins geworden mit dem Weltengrund.

Was im außerchristlichen Bereich mit heiligen Bergen verbunden wurde – in die Mitte der Welt gelangen, erleuchtet werden, die Kraft der Heilung empfangen –, findet sich in der Geschichte der Bibel und des Christentums in erhöhtem Maß wieder.

Berge waren Stätten der Offenbarung Gottes. Abraham ist bereit, seinen Sohn auf einem Berg, den Gott ihm „nennen wird“, zu opfern. Dieses Opfer ist der Höhepunkt – im ganz wörtlichen Sinn – von Abrahams Geschichte mit Gott; dort empfängt er die endgültige Verheißung. Vom inneren Geschehen her war es ein Sterben und Auferstehen, ein „Erleuchtungserlebnis“. Der Berg hieß von da an „Berg, wo der Herr erscheint“ (Gen 22,2–14). Hinweis auf das heilige Licht, das vom heiligen Berg ausgeht, ist der brennende Dornbusch am Berg Horeb, wo Mose zum Führer Israels berufen wurde. Betrachtet man die Gesetzgebung auf dem Berg Sinai unter dem Aspekt des inneren Erlebens, so sind Blitz und Donner, Feuer und Erdbeben (Ex 19,2–25) Ausdruck gewaltiger seelischer Erschütterungen. Der Gottesschrecken ist jedoch nur die eine Seite, Gott „läßt vielmehr all seine Schönheit an Mose vorüberziehen“ (Ex 33,19). Erinnert sei an das Gesicht von „Schwarzer Hirsch“, als er die Schönheit der Erde sah. Als Mose vom Berg herabstieg, strahlte sein Gesicht Licht aus, so daß die Israeliten Scheu hatten, sich ihm zu nähern. Dieses Ereignis erinnert wieder an Buddha.

„Bevor Mose starb, stieg er auf den Berg Nebo, und der Herr zeigte ihm das ganze Land“ (Dtn 34,1–5).
Die Ähnlichkeit zur Vision von „Schwarzer Hirsch“ drängt sich auf. Auch Mose hätte sagen können: „In die Mitte der Welt hast du mich geführt und ich habe gesehen.“

Nicht unerwähnt darf der Prophet Elija bleiben, der auf dem Berg Karmel die Entscheidung für den Gott Israels herbeiführte und am Berg Horeb erfahren mußte, daß Erdbeben und Feuer der milden, besänftigenden, befriedenden Gottes-Begegnung vorausgehen (1 Kön 19,8). Mittelpunkt des jüdischen Glaubens wurde unter Da-

vid der Berg Zion, schließlich der Berg Moria mit dem Tempel, den Salomon erbauen ließ.
Die Vision des Jesaja von der zukünftigen Bedeutung des Tempel-Berges entspricht der mythologischen Vorstellung vom Weltenberg. Der Berg mit dem Haus des Herrn ist höher als alle Höhen; er ist die Mitte, zu der alle Völker strömen (Jes 2,2–5). Von dort kommt der Friede und das Licht. Die Erkenntnis des Herrn ist die Voraussetzung dafür, daß nichts Böses mehr geschieht (Jes 11,9). Die Erkenntnis des Herrn ist weniger willentliche Zustimmung zum Ein-Gott-Glauben auf Grund einer Belehrung – eher eine unmittelbare Gottesschau, ein Ergriffensein vom Tiefsten und Wertvollsten, verbunden mit beglückendstem Frieden.
Auf dem Hintergrund des Wissens der Völker um den heiligen Berg darf man auch jene Erzählungen aus dem Leben Jesu betrachten, wo Berge eine Rolle spielen.
Die Versuchungsgeschichte – sie endet damit, daß Jesus auf einem hoen Berg alle Reiche der Welt gezeigt werden – ist mythologisch gesehen das Besteigen des Weltenberges, ein Vorgang, der zugleich eine tödliche Gefahr in sich birgt. Übersetzt in die Sprache der Tiefenpsychologie heißt das: Öffnung des Unbewußten, Berührung mit den Kräften der Tiefe, Kontakt mit dem Archetyp des Selbst können das kleine Ich so aufblähen, daß es sich selbst für Gott hält. Junge Leute mit Drogenerfahrung sagten aus, sie hätten Momente gehabt, wo sie meinten, Christus zu sein. „Größenwahn, Cäsarenwahn und Heilandswahn entstehen durch Identifikation mit dem Selbst", meint dazu C.G. Jung.[16]
Jeder, der Tiefenerfahrung hat und solche auslösen kann, ist der Versuchung ausgesetzt, sich selbst und seine Möglichkeiten zu überschätzen.

Auch der Ölberg ist ein „Weltenberg", wo der Aufstieg Jesu zum Himmel begann (Mt 26,30) und sich vollendete; ebenso die Schädelhöhe.
Das Schicksal Jesu macht offenbar, daß der Weg nach oben nicht geradeaus geht, sondern über Umwege, durch Tiefen und Dunkelheiten. Jesus war – im Bild gesprochen – im Innern des Berges, als er in der Grabeshöhle lag und in die Unterwelt hinabgestiegen war. So ist er endgültig in die Mitte der Welt eingetreten, an der Wurzel allen Seins angelangt. Ausdruck dafür sind der Berg in Galiläa und die Worte, die er dabei spricht: „Mir ist alle Macht gegeben im Himmel und auf Erden" (Mt 28,16f).
Die Verklärung auf dem Berg gegen Ende seines öffentlichen Wirkens ist die Vorausnahme jenes endgültigen Zustandes.
„Sein Aussehen verwandelte sich vor ihnen. Sein Angesicht leuchtete wie die Sonne, seine Kleider wurden weiß wie das Licht" (Mt 17,2f).
Die Nähe zu Mose, die gewöhnlich in der Vollmacht der Gesetzgebung gesehen wird, liegt noch mehr im „Erleuchtungserlebnis". Das Wort „Erleuchtung", das erst mit der Neuentdeckung der Meditation bei uns wieder in Gebrauch kam, kann viel von dem aussagen, wie Jesus dachte und fühlte. Erleuchtungserlebnisse haben verschiedene Abstufungen. Es beginnt, wenn die Augen der Kinder und der Verliebten leuchten; manche Menschen erleben nach schweren inneren Krisen Momente, wo sich eine neue Welt auftut, wo alles im Einklang ist und Trennungen aufgehoben sind, wo ihnen „ein Licht aufgeht".[16a]
Die eigentliche Erleuchtung – das Satori, wie es im östlichen Sprachgebrauch genannt wird – ist der Gipfel einer seelischen Entwicklung. Es ist der „Durchbruch des Wesens", gleich bedeutend mit dem „Ersteigen des heiligen Berges".

Übereinstimmend wird von diesem Ereignis gesagt, daß es die Erfahrung der völligen Einheit mit sich, mit Gott und mit allen geschaffenen Wesen ist. Die engen Grenzen des Ich – damit des Wahrnehmungsrahmens – werden gesprengt. Menschen, denen Erleuchtung zuteil wurde, spüren in einem bisher nie empfundenen Maß Freiheit, überwältigende Fülle und Dankbarkeit. Wenn gesagt wird, daß das Angesicht Jesu wie die Sonne leuchtete (Mt 17,2), dann war das das Durchscheinen Gottes. Es ist wohl der sichtbare Ausdruck für das Wort bei Johannes: „Ich und der Vater sind eins" (Joh 10,30). Wie „einleuchtend" wird auch die Stelle: „Wer mich sieht, sieht den Vater" (Joh 14,9).

Der Berg, auf dem Jesus seine Rede hält, darf in einer Reihe gesehen werden mit dem Berg Sinai, mit dem Berg Horeb, mit dem Berg der Versuchung, der Verklärung, dem Ölberg, der Schädelhöhe und dem Berg der Aussendung, mit allen heiligen Bergen. Der Berg, als Urbild genommen, läßt weniger an eine äußere Legitimation denken; vielmehr ist er ein Erfahrungsfeld und Wahrnehmungsrahmen, aus dem heraus Jesus spricht; diesen will er auch bei den Zuhörern wecken, damit sie ihn verstehen können. Inhaltlich ist er bestimmt durch die Berührung mit dem Heiligen, durch „Verwandelt-Werden" und „Leuchten wie die Sonne". Die „Erleuchtung" ist Grundlage für die Aussage der Theologen, Jesus habe schon als Mensch auf Erden die unmittelbare Gottesschau gehabt. Daneben dürfen wir alle Erfahrungen von Menschen stellen, die sie je im Zusammenhang mit heiligen Bergen hatten: In der Mitte der Welt sein, die Schönheit Gottes und der Erde sehen, im beglückendsten Frieden, ganz und heil sein; und davon nur mit großer Ehr-

furcht, Zurückhaltung und emotionaler Bewegtheit – mit „Tränen in den Augen" – reden.
Die Betrachtung des Urbildes „heiliger Berg" führt noch ein Stück weiter. Am Berg Sinai sagt Gott zu Mose: „Zieh eine Grenze um den Berg und erkläre ihn für heilig" (Ex 19,23).
In der Mythologie ist der heilige Berg mit einer Kette umgeben. So gesehen stellt der Grundriß des Berges ein Mandala dar, das Symbol des Selbst. Der heilige Berg ist somit ein Mandala im Aufriß, jenes Urbild des Zentrums, das in sich die Kraft hat, das Unbewußte und das Bewußte zu ordnen. Es vertritt die „Große Ordnung", wo der einzelne sein Ureigenstes im Anschluß an die Mitte der Welt entdeckt.[17]
Auf dem heiligen Berg sein heißt dann: das Ich ist angeschlossen an das Selbst, das Bild Gottes im Menschen, an die Harmonie der Welt. Man kann sich vorstellen, daß ein kleiner Kreis, das Ich, im großen Kreis, dem Selbst, enthalten ist. Wer Anschluß an die „Große Ordnung" gefunden hat, empfindet eine wesentliche Entlastung seines Ich: er kann sich der aus eigener Kraft wirkenden Ordnung anvertrauen. Er weiß, es fügt sich „von selbst", weil er ja eingefügt ist in ein allumfassendes Ganzes. Jene Textstelle vom „sorglosen Dasein" drängt sich hier auf. „Deswegen sage ich euch: Sorgt euch nicht um euer Leben und darum, daß ihr etwas zu essen habt . . ." (Mt 6,25).
So werden auch die Bedingungen für höheres ethisches Handeln erfüllt. Weil das Ich in einer höheren Ordnung aufgehoben ist, kann es seine Fixierungen an Menschen, Gruppen, Dinge, Vorstellungen, „Triebziele" loslassen. Die Ängste des Ich – bedroht, erdrückt, seiner Identität beraubt zu werden – können sich auflösen. Wenn Ängste schwinden, kann man Abwehrsysteme abbauen, den anderen mehr in sich hinein-

schauen lassen; es entstehen Nähe und Vertrauen. „Die Beruhigung der Angst im Feld der Erfahrung Gottes“ sieht Drewermann als den entscheidenden Punkt einer Neuordnung des einzelnen und der Gesellschaft.[18]

Das Reden vom Selbst, von der „Großen Ordnung“, vom heiligen Berg findet sich wieder in den urchristlichen Vorstellungen von Christus als dem Stein, der verworfen, aber zum Eckstein geworden ist (Lk 20,17), vom „Fels, dem das Lebenswasser entquillt“ (1 Kor 10,4). Für Augustinus ist der Stein, der bei Daniel zum Berg wird, Christus selbst (Dan 2,34).

Christus ist das Zentrum der Schöpfung und die Mitte jedes einzelnen und aller Glaubenden (vgl. Kol 1,17f; Joh 15,5). Paulus ist von Christus „ergriffen“, ihn will er erfahren und die Kraft seiner Auferstehung (Phil 3,10–13). Christus steht an der Stelle des Selbst, das das kleine Ich auf eine höhere Bewußtseinsebene hebt; es wird dem großen Ich angeglichen. Wir werden, wenn wir konsequent die Impulse des „Großen Menschen“ in uns, Christus, zulassen, seine Wahrnehmungsweise annehmen und wie von einem Berg auf die Landschaft unseres Lebens herabsehen. Wir bekommen Überblick, wir schauen in Abgründe, große Dinge werden klein, wir sehen weiter.

Der Erfahrungshintergrund Jesu, der im Urbild des „heiligen Berges“ aufscheint, wird bestätigt durch den Bericht des Lukas. Im Abschnitt, welcher der Feldrede bei Lukas vorausgeht (Lk 6,12–19), heißt es kurz zusammengefaßt: Jesus ging auf einen Berg, betete dort die ganze Nacht und traf die Entscheidung für die zwölf Apostel. Dann stieg er in die Ebene hinab, wo von allen Seiten Menschen auf ihn zuströmten.

„Sie wollten ihn hören und von ihren Krankheiten geheilt werden. Auch die von unreinen Gei-

stern Geplagten wurden geheilt. Alle Leute versuchten, ihn zu berühren; denn es ging eine Kraft von ihm aus, die alle heilte“ (Lk 6,18–19).
Man darf wohl sagen, daß Jesus mit der Kraft vom Berg aufgeladen war, wo er in intensivster Berührung mit dem „Heiligsten“ – dem Vater – stand, und dadurch diese Anziehung auslöste. Was im einzelnen in den Menschen geschah, die in seine Nähe kamen, kann man an Hand der beschriebenen Begegnungen mit Jesus rekonstruieren. Sie sind erfüllt von unendlicher Dankbarkeit (Lk 5,25; Lk 7,36f), nachdem die Belastung des Zerrissenseins und des Ausgeliefertseins an fremde Mächte (Dämonen) von ihnen gewichen war. In den Worten Jesus „Kommt alle zu mir, die ihr euch plagt und unter Lasten stöhnt. Ich werde euch ausruhen lassen“ (Mt 11,28–30) schwingt sicher die Erfahrung von Menschen mit, die in das „Kraftfeld“ Jesu geraten waren. Sie nahmen eine wohltuende Ruhe wahr und verspürten, daß Lasten abgefallen waren. Bei jedem, der sich Jesus öffnete, verwandelte sich die innere Welt – wie die des Zöllners Zachäus (Lk 19,1f). Seine Freude, Jesus aufnehmen zu dürfen, fügt sich zu der der Sünderin (Lk 7,36–50) und zu jener Gestimmtheit auf dem Berg, die Petrus zu dem Ausruf veranlaßt: „Meister, es ist gut, daß wir hier sind“ (Lk 9,33).
Am Anfang der Überlegungen war vom Verstehenshorizont für die Bergpredigt die Rede. Er ergibt sich aus dem Urbild des heiligen Berges und den Erfahrungen derer, die sich Jesus geöffnet haben. Zu allen Zeiten wurden Menschen in das Kraftfeld Jesu gezogen.
Im folgenden sind Zeugnisse von verschiedenen Personen aneinandergereiht, die – meist auf Grund sehr schmerzlicher Entwicklung – Zugang zu einem befreienden Glauben fanden: „Ich

bin frei geworden von niederdrückenden Stimmungen, von entfremdenden Impulsen, von Starre und Abgeschlossenheit; ich bin „ganzer" geworden; in mir pulsiert es; manchmal fühle ich mich wie überströmt von Kraft und Dankbarkeit; ich habe gelernt zu staunen; in mir lebt so etwas wie das Heilige, was früher für mich unecht, lebensfremd und lebensfeindlich klang; jetzt ist es für mich wie ein inneres Leuchten; etwas, was heil und gut sein läßt, gütig, selbstlos und klar; die Berührung mit dem Heiligen ist für mich das Wichtigste; es wird mir dabei leichter, alte Erfahrungen leben wieder auf . . ."

Dem sei noch ein authentisches Zeugnis hinzugefügt, das von dem Philosophen Blaise Pascal überliefert ist. Es lautet: „Feuer, Gott Abrahams, Gott Isaaks, Gott Jakobs, nicht der Gott der Philosophen und Gelehrten, Gewißheit, Freude, Friede, Gott Jesu Christi. Er wird nur gefunden auf den Wegen, die im Evangelium gelehrt werden. Tränen der Freude. Ich hatte mich von ihm getrennt. Ich bin vor ihm geflohen, habe ihn verleugnet, gekreuzigt. Daß ich nie mehr von ihm getrennt werde. Hingabe an Jesus Christus."[19]

Wem solches widerfährt, dessen inneres Universum ist umgewendet, wie Huub Oosterhuis dazu bemerkt. Er ist wiedergeboren aus Gott. Menschen, die so Gott als einen heiligen Wert in sich tragen, von dem sie nur mit großer Zurückhaltung reden, werden viel begreifen vom Verbot des Zürnens, des Begehrens, der Wiedervergeltung, von der Liebe zu den Feinden, vom Almosengeben, Beten und Fasten, vom sorglosen Dasein und vom Vertrauen. Es ist die ursprüngliche Folie, auf der die Worte Jesu aufscheinen, so daß sie leuchten anstatt zu irritieren. Denn wer könnte leugnen, daß das Schöne, Große und Kostbare

durch Haß und Streit, dumpfes Habenwollen, Unehrlichkeit und Veräußerlichung gefährdet ist?
Das, was Jesus als anscheinend unerfüllbares Gesetz fordert, ist der Schutz des heiligen Bezirks, zuerst im Innern eines jeden einzelnen, dann auch im äußeren Bereich des Zusammenlebens. So empfinden es jene, die schon auf dem „heiligen Berg" waren, die im Kraftfeld Jesu stehen und auf eine gewisse Entwicklung zurückblicken können. Die Bergpredigt also nur für „Eingeweihte"? Wie ist es mit Menschen, die noch weit weg sind von inneren Erfahrungen, wohl aber mit der neuen Ordnung beginnen wollen? Ausschlaggebend wird sein, inwieweit der Versuch – den Worten Jesu gerecht zu werden – nur im Willen oder in emotional aufgeladenen, nach außen gerichteten Globalforderungen stecken bleibt, oder ob ein psychologisch wirksamer Prozeß zugelassen wird. Dieser wiederum ist nur möglich, indem einer innerlich anhält und aufhört mit dem bloßen Tun, dafür aber dem Geschehen in seiner Seele Raum gibt. Keinem, der auf den „heiligen Berg" steigen will, bleibt der Weg durch das „enge Tor" erspart.

# Das alte und das neue Gebot – die sechs Antithesen

Mt 5,21–48:
Versöhnende Liebe.
Ihr habt gehört, daß gesagt wurde zu den Alten: „Du sollst nicht töten!“ (Ex 20,13; Dt 5,17). Wer tötet, wird dem Gericht verfallen sein. Ich aber sage euch: Jeder, der seinem Bruder zürnt, wird dem Gericht verfallen sein. Wer zu seinem Bruder sagt: Du Tor! wird dem Hohen Rat verfallen sein; wer sagt: Du Narr! wird der Feuerhölle verfallen sein.

Wenn du daher deine Gabe zum Altare bringst und dich dort erinnerst, daß dein Bruder etwas gegen dich hat, so laß deine Gabe dort vor dem Altar und geh zuerst hin und versöhne dich mit deinem Bruder, und dann komm und opfere deine Gabe! Verständige dich mit deinem Gegner ohne Zögern, solange du noch mit ihm auf dem Wege bist, damit dich nicht der Gegner dem Richter und der Richter dem Gerichtsdiener übergibt und du in den Kerker geworfen wirst. Wahrlich, ich sage dir: Du kommst nicht heraus von dort, bis du bezahlt hast den letzten Heller.

Heiligkeit der Ehe.
Ihr habt gehört, daß gesagt wurde (zu den Alten): „Du sollst nicht ehebrechen!“ (Ex 20,14; Dt 5,18). Ich aber sage euch: Ein jeder, der eine Frau anblickt mit begehrlicher Absicht, hat schon die Ehe mit ihr gebrochen in seinem Herzen.
Wenn dir dein rechtes Auge zum Ärgernis wird, so reiß es aus und wirf es von dir; denn es ist besser für dich, daß eines deiner Glieder verloren gehe, als daß dein ganzer Leib in die Hölle geworfen werde. Wenn dir deine rechte Hand zum Ärgernis wird, so hau sie ab und wirf sie von dir;

denn es ist besser für dich, daß eines deiner Glieder verloren gehe, als daß dein ganzer Leib in die Hölle fahre.

Unauflösbarkeit.
Es wurde euch gesagt: „Wer seine Frau entläßt, gebe ihr einen Scheidebrief" (Dt 24,1). Ich aber sage euch: Ein jeder, der seine Frau entläßt – nicht kommt in Frage Begründung mit Unzucht (Dt 24,1) –, macht sie zur Ehebrecherin, und wer eine Entlassene heiratet, bricht die Ehe.

Wahrhaftigkeit.
Wiederum habt ihr gehört, daß gesagt wurde zu den Alten: „Du sollst nicht falsch schwören" (Lev 19,12); „Du sollst dem Herrn deine Schwüre halten" (Num 30,3; Dt 23,22). Ich aber sage euch: Schwört überhaupt nicht, auch nicht beim Himmel, denn er ist der „Thron Gottes", auch nicht bei der Erde, denn sie ist der „Schemel seiner Füße" (Is 66,1), auch nicht bei Jerusalem, denn es ist die „Stadt des großen Königs" (Ps 48,3). Auch nicht bei deinem Haupt sollst du schwören, weil du nicht ein einziges Haar weiß machen kannst oder schwarz. Es sei euer Jawort ein Ja, euer Nein ein Nein. Was darüber hinausgeht, ist vom Bösen.

Wahre Wiedervergeltung.
Ihr habt gehört, daß gesagt wurde: „Aug um Aug, Zahn um Zahn" (Ex 21,24; Dt 19,21). Ich aber sage euch: Streitet nicht mit dem Bösen, sondern wer dich auf deine rechte Wange schlägt, dem halte auch die andere hin! Und wer dich vor Gericht bringen und deinen Leibrock nehmen will, dem lasse auch den Mantel! Und wer dich nötigt zu einer einzigen Meile, mit dem gehe zwei! Wer dich bittet, dem gib, und wer von dir borgen will, den weise nicht ab!

Liebe ohne Schranken.
Ihr habt gehört, daß gesagt wurde: „Du sollst deinen Nächsten lieben“ (Lev 19,18) und deinen Feind hassen. Ich aber sage euch: Liebet eure Feinde (tut Gutes denen, die euch hassen), und betet für die, die euch verfolgen (und verleumden), auf daß ihr Kinder eures Vaters im Himmel werdet; denn er läßt seine Sonne aufgehen über Böse und Gute und läßt regnen über Gerechte und Ungerechte. Denn wenn ihr die liebt, die euch lieben, welchen Lohn habt ihr? Tun nicht auch die Zöllner das gleiche? Und wenn ihr nur eure Brüder grüßt, was tut ihr Besonderes? Tun nicht auch die Heiden das gleiche? Seid also vollkommen, wie euer Vater im Himmel vollkommen ist!

## Das alte und neue Gewissen

Als ich bei einem Vortrag die Worte Jesu vom alten und neuen Gebot (Mt 5,21–48) vorlas, herrschte im Saal betretenes Schweigen. Offensichtlich waren die Zuhörer erschrocken und ratlos über den Ernst dieser Worte. Auf den ersten Blick erscheint Jesus als souveräner Gesetzgeber, der sich mit Entschlossenheit vom alttestamentlichen Gesetz und dessen Lehrern abhebt und mit Härte bis zur letzten Konsequenz Dinge einfordert, die selbst mit gutem Willen nicht zu erbringen sind. Denn wer kann schon Sympathien und Antipathien, Gesinnung und Gefühle so lenken, wie es hier geboten ist (Mt 5,21–46)? Dabei werden Entscheidungen verlangt, die bis zum „Ausreißen des Auges" und „Abhacken der Hand" gehen (Mt 5,29).

In der traditionellen Auslegung sah man in den sechs Gegenüberstellungen „Ihr habt gehört, daß gesagt wurde . . . Ich aber sage euch" (Mt 5,21f) einen Ausdruck der einzigartigen Autorität Jesu. Während Gesetzeslehrer der Zeit sich auf Schriftstellen berufen, spricht Jesus aus eigener Machtfülle als Begründer eines neuen Gesetzes.

Während Mose auf dem Berg Sinai den Auftrag Gottes nur für sein Volk und für eine gewisse Zeitspanne empfängt, verkündet Jesus den Willen Gottes für alle Menschen und für immer – so weit das herkömmliche theologische Verständnis. Aber viele fragen: Überfordert Gott nicht den Menschen mit dem absoluten Verbot feindseliger und begehrlicher Gefühle, mit dem Verbot der Ehescheidung und mit dem Gebot, widerstandslos Unrecht zu erdulden?

Ist er wirklich der gütige Vater im Himmel, „der seine Sonne aufgehen läßt über Böse und Gute" (Mt 5,46), oder ist er eher der gestrenge Herrscher, der über die Menschen hinweg seine Gesetze verschärft und sie dadurch in Gewissensängste treibt?

Es läßt sich allerdings nachweisen, daß vieles von dem, was bei Jesus so unerhört neu klingt, schon im alten Bund vorhanden war – wie das Gebot der Feindesliebe[20] und das Verbot des Begehrens[21].

Man endet in unauflösbaren Widersprüchen, wenn man nur die Texte nebeneinanderstellt und nicht den Verstehenshorizont der Menschen in Betracht zieht, in denen die Worte Jesu lebten und von denen sie ihre endgültige Fassung erhielten. Es waren Christen aus dem Judentum, die – bei einer zwar vorhandenen, jedoch verhärteten religiösen Einstellung – den Glauben an Jesus entdeckt hatten. In den angesprochenen Gegensätzen konnten sie sich gut wiederfinden. Das, was sie einst von Gesetzeslehrern „gehört hatten", entsprach ihrer Religiosität von der Bekehrung.

Die Worte Jesu aber bewegen sich in einem neuen Rahmen des Denkens und Redens, der Art, auf Gott zu horchen und miteinander umzugehen. Dazwischen liegt ein innerer Aufbruch, wobei sie – im Bild gesprochen – mit Jesus auf dem Berg waren (2 Petr 1,18) und von Gott berührt wurden.

Es ist gewiß nicht falsch zu sagen, daß der in den sechs Antithesen dargestellte Kontrast zunächst in den Jüngern der Urgemeinde selbst zu finden ist. Darin dürfen wir zwei Phasen e i n e s Lebens mit der Religion erkennen.

Den ersten Abschnitt kann man mit dem bekannten Ausdruck „Gesetzesreligion" bezeichnen. Wir wachsen durch Belehrung, Ermahnung und Gewöhnung in die Gebräuche, Vorschriften und Wertvorstellungen einer bestimmten religiösen

Welt hinein. Alles läuft wie selbstverständlich, doch ohne besonderen Elan; Religion erschöpft sich in Tradition.
Die zweite Art der religiösen Einstellung ist durch ein Neuheitserlebnis gekennzeichnet: Es ist ein ganzheitlich-seelisches Erwachen und Lebendigwerden. An die Stelle von Belehrungen treten eigene Einsichten und Überzeugungen; statt der Ermahnungen von außen treiben nun eigene Einfälle zum Guten an. Vom bloß Übernommenen ist nichts mehr selbstverständlich, vielmehr werden eigenes Urteil und eigene Entscheidungen angestrebt. Man sieht die alte Religion jetzt mit völlig neuen Augen, meist sehr kritisch und eher distanziert. Die herkömmliche religiöse Praxis wird an der Dichte und Kraft der neuen Erfahrung gemessen.
Die grundsätzliche Verschiedenheit dieser beiden inneren Welten kommt in der Form des Gewissens zum Ausdruck, das über die Richtigkeit unseres Denkens und Tuns wacht. Das erste Gewissen wurde uns durch Erziehung mitgegeben. Die Vorstellungen von Gut und Böse übernahmen wir von außen. Wir richten uns nach dem, was Eltern, Lehrer, Priester, die älteren Kinder und Erwachsene uns eingeprägt haben. So hat sich eine innere Instanz gebildet, welche die Anpassung an die Umwelt regelt und überwacht. Adolf Heimler bezeichnet sie als „vorpersonales Erziehungsgewissen“[22]; es entspricht dem, was Freud das „Über-Ich“ nennt. Der Nachteil dieser uns von außen vermittelten Ordnungen ist, daß wir dadurch auf Muster des Erlebens und Verhaltens festgelegt wurden. Wir können nichts Neues riskieren. Wenn wir davon abweichen, werden wir unsicher und bekommen Angst. Hören wir immer nur auf andere und getrauen wir uns selbst nichts zu, so verhärtet sich die Schicht um unse-

ren wahren Kern. Regeln und Lehren von außen – selbst wenn sie von höchster Autorität stammen – erreichen jedoch nie den Punkt in uns, wo die Motivation zum bedingungslosen Einsatz liegt. Willensentschlüsse, angeregt vom Erziehungsgewissen, vermögen nicht, den unbewußten Bereich der Gefühle und Antriebe zu verändern. Neue Werte und Einstellungen haben jedoch ganz wesentlich eine emotionale Seite.
In dem Satz: „Ihr habt gehört, daß gesagt wurde" (Mt 5,21) klingt das eben beschriebene Gewissen durch. Man hat sozusagen die Stimme der Mutter, des Vaters, der „Gesetzeslehrer" im Ohr Aber alle Mühen von Erziehern und Vertretern der Moral reichen nur so weit, daß ein bestimmter äußerer Rahmen des Verhaltens abgesteckt wird: daß man nicht tötet; die Ehe nicht bricht; eine Scheidung – die zwar nicht passieren sollte – einigermaßen in Ehren über die Bühne bringt; daß man keinen Meineid schwört und bei einem Rechtsstreit leidlich fair vorgeht (vgl. Mt 5,21–46). So ergibt sich das Niveau der gut-bürgerlichen Moral, von dem man – des guten Rufes willen – weder nach unten noch nach oben zu sehr abweichen sollte. Ein solcher Mensch erlebt als „überzeugter Christ" den Glauben dann hauptsächlich in Verpflichtungen, die er der Kirche und Gott gegenüber abzuleisten hat. Ein Aufruf zur radikalen Umkehr und zum heroischen Handeln muß ihn erschrecken; denn das hieße seine Anstrengungen noch vermehren und den inneren Druck erhöhen.
Ganz anders zeigt sich das Gewissen der zweiten Art. Es fragt nicht zuerst, was erlaubt und was nicht erlaubt ist, was Sünde und was keine mehr ist, sondern: Was macht mein Leben echter, tiefer, erfüllter? Weniger starre Normen stehen im Mittelpunkt. Vielmehr die in uns angelegten

Reichtümer der Persönlichkeit und die Suche nach Gott. Seine Weisungen zielen auf Entfaltung und Reifung des personalen Kerns, des Selbst, mit dem wir in die Transzendenz hineinreichen. Heimler nennt es „personales Reifungsgewissen". Dieses braucht viel Zeit der Stille und Hinwendung, um verstanden zu werden, während das Erziehungsgewissen sofort eindeutige Richtlinien bereithält. Das Urgewissen, wie es auch genannt wird, steigt aus dem Seelengrund auf; es hat Einfluß auf das Unbewußte und kann Gefühle und Antriebe an die „Große Ordnung" anschließen; es gibt die Anregung und zugleich die Kraft, sie auszuführen.

Im Fasten und Meditieren z.B. wird der Unterschied – aus welchem Gewissen heraus wir handeln – sehr anschaulich. Kirchliche Fastenangebote werden vom größten Teil der Gläubigen bloß als Einschränkungen aufgefaßt, um sich – der Buße wegen – Schweres aufzuerlegen. Da der wahre Sinn fehlte, versuchte man, sie so weit wie möglich zu umgehen. Inzwischen haben viele Menschen den religiösen, psychologischen und gesundheitlichen Wert des Fastens entdeckt. Was früher Last war, wird zur Bereicherung, weil man echten Zugang gefunden hat.

Ähnlich ist es beim Sitzen im Schweigen. Wem der Wert der Stille nichts bedeutet, für den ist das regungslose Dasein eine Tortur. Deshalb kann man diese Art des Betens und Meditierens auch nicht vorschreiben; die Befolgung einer solchen Anordnung würde den Sinn des Gemeinten niemals erreichen. Jesu Kritik an Äußerungen der Frömmigkeit wie Almosengeben, Beten und Fasten (Mt 6,1–18) trifft jenen Punkt des inneren Zugangs. Wem dieser gegeben ist – wer betet, fastet und großzügig ist, einfach weil es ihn freut –, der braucht die Anerkennung seiner Umge-

bung nicht. „Der Vater, der ins Verborgene sieht, vergilt es“ (Mt 6,18).
Fügen wir uns hingegen nur dem Rat oder dem Druck einer Autorität oder Gruppe, so tun wir das alles, um uns deren Wohlwollen zu sichern, und haben unseren Lohn auch schon erhalten (Mt 6,2).
Das Wirken des Selbst fällt vor allem ins Gewicht, wenn es um die Liebe geht, in der Jesus die Erfüllung und Überhöhung aller Gesetze sieht. Liebe kann niemals Ergebnis einer Willenstat sein, welche wir auf Befehl oder wegen des guten Rufes auszuführen haben; das wäre Pflicht. Liebe ist spontanes Gut-Sein, etwas, was zwischen Menschen fließt, auch an Vernunft und Willen vorbei. Wenn Liebe dem Fluß der Sympathien folgt, wie ist es dann aber mit dem Aufruf Jesu, auch jene zu lieben, die uns hassen und die nicht zu unseren Freunden zählen? (Mt 5,44–46)?
Die Quelle der Liebe – der bewußten, auch gefühlsmäßigen Bejahung eines anderen Menschen – liegt im Seelengrund, im „Herzen“, wie es in der Bibel heißt. Jesus hat die Herzen der Menschen berührt und das Wirken und den Anspruch des Urgewissens, des göttlichen Feuers, in ihnen geweckt. Dies geschah durch die existentielle Erschütterung, in die er Menschen hineingeführt hat. Die Antwort – wenn der Ruf bis zum Seelengrund durchgedrungen war – zeigte sich in überraschender Großherzigkeit.
Man denke an die Reaktion des Zöllners Zachäus, der die Hälfte seines Vermögens den Armen gibt (Lk 19,1f); an die überströmenden und doch dezenten Liebeserweise der Sünderin (Lk 7,36f); an die leidenschaftliche Treue, mit der Maria von Magdala am Morgen des ersten Wo-

chentages zum Grabe eilt (Mt 28,1f). Hierher gehört auch jener unerwartete Fischfang, der dem Leben des Petrus eine Wende gibt (Lk 5,1–8).
Wenn Jesus redet und handelt, eröffnet er einen Raum, in dem neues Erleben und Verhalten möglich wird. Menschen, die durch ihn ihr zerrissenes Leben zusammengefügt und wieder sinnvoll empfinden, werden wie von selbst zu Taten befähigt, an die sie früher nicht einmal dachten. Aus der Einheit und dem Glück des neu geschenkten Daseins geht eine gewandelte Einstellung zum Leben hervor. Da der Anspruch, auch wenn er noch so hoch ist, als etwas erfahren wird, das zu einem selbst gehört, hat er, wie das in der Liebe ist, keinen bedrückenden oder einengenden Charakter. Nur so kann verstanden werden, daß das „Joch Jesu sanft und seine Bürde leicht" ist (Mt 11,30).
Dem zweiten Teil der Antithese: „Ich aber sage euch . . ." wird man deshalb eher gerecht, wenn man seine Eindringlichkeit und Wucht als Fortsetzung dieses Weckrufes erkennt, der Menschen erschütterte und sie im Grunde ihres Herzens traf.
So sehen sich die ersten Christen nicht einem fremden, mächtigen Gesetzgeber gegenüber; vielmehr ist ihnen Jesus zuinnerst nahe, weil er die Stimme ihres eigenen Selbst vertritt. Der Mann aus Nazareth schöpft aus dem gemeinsamen seelischen Grund, und dort berührt er auch alle jene, die sich ihm öffnen.
Sobald einmal die neue Folie des religiös-existentiellen Empfindens geschaffen ist, ergibt sich eine Auswirkung im konkreten Leben von selbst. Wir werden befähigt, die Herausforderungen des Augenblicks im Sinne Jesu zu bestehen. So wie das, was Jesus sagte und tat, Schöpfungen des menschlich-göttlichen Seelengrundes sind, dür-

fen auch wir auf das „Organ“ für das Gute und die Gnade Gottes vertrauen.

Der Weg, die Worte Jesu für starre Normen zu halten, die von jedem zu jeder Zeit mit Notwendigkeit einzuhalten sind, führt in die Sackgassen der Überforderung, der Gewissensängste oder des Fanatismus. Auch wenn man die neuen Gebote als Ideale und Zielvorstellungen bezeichnet, sollte einem bewußt sein, daß sie nicht unmittelbar durch noch so sorgfältig geplante Vorsätze und auch nicht mit dem besten Willen zum moralischen Handeln erfüllbar sind. Zutreffender ist es, von Früchten eines durch den Anruf Jesu angeregten Wachstums der Persönlichkeit zu sprechen. Diese Sicht kommt der Denkweise Jesu näher, der Bilder aus der Natur liebte. Das Gleichnis von der wachsenden Saat, wo die Erde von selbst Frucht bringt, ist ein Hinweis darauf, daß jener Satz: „Seid vollkommen, wie euer himmlischer Vater vollkommen ist“ (Mt 5,48) als ein organischer Prozeß zu verstehen ist.

Hinzukommt, daß „vollkommen“ eher mit „ganz vor Gott“ zu übersetzen ist[23]. Damit wird bestätigt, daß wir dem Auftrag Jesu dann gerecht werden, wenn unser von der Gnade berührtes Personsein, unser Seelenkern, zur Ganzheit heranreift.

## Die neue Lebensweise

Gegen Ende des 2. Jahrhunderts beschreibt ein christlicher Schriftsteller die Lebensweise der Christen so:
„Wenn sich unsere Zahl täglich vermehrt, so ist das nicht ein Beweis für Verirrungen, sondern ein ruhmvolles Zeugnis. Denn einer schönen Lebensweise bleiben die alten Freunde treu und schließen sich neue an . . . So haben wir – worüber ihr euch ärgert – gegenseitige Liebe, weil wir von Haß nichts wissen. So nennen wir uns – das erregt euren Neid – Brüder als Menschen des einen göttlichen Vaters, als Glaubensgenossen und Miterben der Hoffnung."[24]
Es mag einen traurig stimmen, zieht man zum Vergleich den Zustand der Christenheit unserer Zeit und unseres Landes heran. Ihre Zahl verringert sich eher, als daß sie sich vermehrt. Nur noch selten kommt es vor, daß sich neue Freunde anschließen; und wer könnte wagen, die gegenseitige Liebe als besonderes Kennzeichen der Kirchenmitglieder hervorzuheben? Wie ist es zu verstehen, wenn etwa eine Million Jugendlicher in Sekten flüchten, weil sie – wie es in einer Analyse heißt – emotionale Nähe und religiöse Orientierung suchen?[25]
Offensichtlich können exaktes wissenschaftliches Arbeiten, gute Verwaltung, das herkömmliche seelsorgliche Mühen und selbst die Treue zur reinen Lehre nicht die religiöse Kraft und emotionale Wärme aufbringen, um junge Menschen in ihrer Not aufzufangen.
Die neue, überzeugende Lebensweise, die Jesus ermöglicht, kennt Haß, gegenseitige Beschimpfungen, Abwertungen und Racheakte nicht; ebenso kann in der Kraft Jesu Ehe gelingen und Erfüllung finden; Christen sagen die Wahrheit,

weil sie aus der Wahrheit leben; sie sind „Licht der Welt" und „Salz der Erde" (Mt 5,13,14).
Was die Stärke des frühen Christentums ausmachte, lag auf der spirituell-emotionalen Ebene und weniger im intellektuellen und organisatorischen Bereich. Jesu Gebot von der Nächstenliebe in die Tat umzusetzen geht deshalb nicht, ohne daß wir den Gefühlen, ihren eigenmächtigen Abläufen und Gesetzmäßigkeiten, ihrer Formung und Kultivierung vorrangige Beachtung schenken. Im traditionellen Streben nach Vollkommenheit verstand man die Aufforderungen Jesu naiv moralistisch. Man versuchte, sich an ihnen wie an einer Richtschnur zu orientieren und mit hohem Einsatz des Willens die Gefühle dahin zu lenken. Schon die leiseste Regung des Zorns oder sexueller Empfindungen galt als Sünde und mußte unterdrückt werden. Das Ergebnis waren allerdings weniger vollkommene Menschen, die ihren Frieden fanden und auf andere ausstrahlten; vielmehr ergab dieses Bemühen – so gut gemeint es war – eher gehemmte Personen, die den Anschluß an ihre Emotionen verloren hatten. Damit fehlte ihnen auch deren Kraft und Lebendigkeit. Wenn die Antriebe der Aggressivität und Sexualität nicht frei und angemessen nach außen gehen können, sammelt sich ein riesiges Potential von Energie an. Sie versetzt den Menschen in eine ständige Gespanntheit, so daß schon geringe Anlässe Zornesausbrüche verursachen können. Es entstand ein Zerrbild christlicher Aszese. Sie würgt das Leben ab, anstatt ihm zu dienen. Verkümmertes Menschsein und spirituelle Mittelmäßigkeit sind häufig das Ergebnis solch mühevollen religiösen Strebens. Allerdings muß gesagt werden, daß dem Mißverstehen der Weisungen Jesu bereits eine seelische Verformung vorausgeht. Auf Grund ihrer Antriebsgehemmtheit hö-

ren viele dann nur seine Worte vom Kreuz und von der Selbstverleugnung, aber nicht seine Botschaft von Freude, Freiheit und vollem Leben.
So brachten es die durchaus ehrlich gemeinten Anstrengungen nicht zu dem Christentum, das die Krise der Zeit bewältigen könnte. Auf breiter Ebene übersah man den real erfahrenen, spirituell-emotionalen Hintergrund der Forderungen Jesu, jenen, den ganzen Menschen erfassenden Wandlungsvorgang, der in der Hl. Schrift mit „Wiedergeburt" und „neuer Schöpfung" bezeichnet wird. Er ist es, der dem Christentum der ersten Jahrhunderte seine Blüte gab.
Die Verkündigung Jesu geschah in einem Prozeß, der die spirituelle, emotionale und geistige Entwicklung der Jünger miteinschloß; indem sie mit ihm gingen, wurde jeder Tag zu einer Überraschung. Die Wiedergabe seiner Worte, wie wir sie in der Hl. Schrift vorfinden, setzt jenen Vorgang voraus, ebenso muß er beim Lesen und Hören heute miteinbezogen werden. Der hohe Anspruch an Gesinnung und Verhalten ist deshalb nur erfüllbar durch Wandlung des geistigen Rahmens und der unbewußten Emotionalität und durch Erschließung der spirituellen Quellen. Wenn wir den Zorn gegen einen Menschen, entsprechend der Mahnung Jesu (Mt 5,21f), ablegen wollen, verfängt es wenig, in einem Willensakt Verzeihung – sozusagen eine allgemeine Amnestie – auszusprechen. Damit gibt sich der im Unbewußten wirkende Komplex nicht zufrieden, und wir werden weiterhin von bösen Vorstellungen über das erlittene Unrecht und die Schlechtigkeit des andern gequält.
Richtung und Verlauf der Gefühle können wir nicht von heute auf morgen umkehren. Wir sollten uns deshalb eingestehen, daß wir zu Beginn unseres persönlichen Weges einfach noch nicht

die Kraft zur Feindesliebe haben. Die Entwicklung der zwischenmenschlichen Beziehungen muß berücksichtigt werden, und wenn in uns schon etwas aufgebrochen ist, dürfen wir auf weiteres inneres Wachstum vertrauen. Menschliches Miteinander hat – ob im engen Raum von Partnerschaft und Familie oder innerhalb der politischen und weltanschaulichen Gruppierungen – verschiedene Phasen. Am Anfang steht ein Zustand emotionaler Einheit; eine Art Verschmelzung, was Gefühle, Wertvorstellungen und Ideale anbelangt. Im Laufe der Zeit erfolgt das Erwachen von einzelnen und von Gruppen, ein Heraustreten aus der allgegenwärtigen und allesbeherrschenden Einheit. Erst wenn die eigene Identität gefestigt ist, wird neues Zugehen aufeinander möglich.[26]

Die starke Ablehnung anderer – der oft unerklärbare Zorn auf Eltern, Vorgesetzte und Ehepartner – sollte als Ausdruck von Ablösung verstanden werden, als Drang und Kraft, das Eigene zu entdecken, das nicht bei Eltern oder Partnern zu finden ist. Diese Lücke der Identität, die als schmerzvolle Minderwertigkeit empfunden wird, verursacht die Aggression.[27] Nur wer den Schmerz zuläßt, kommt zur Entschlossenheit, eine vielleicht schon längst fällige Entscheidung zu treffen und sie auch durchzustehen. Wenn wir in diesem Entwicklungsstadium unsere „Feinde" schon nicht lieben können, sollten wir ihnen wenigstens gerecht werden. Das würde bedeuten: pauschale Verurteilungen aufgeben, nicht jedem Gerücht glauben, sondern auf der Suche nach der Wahrheit bleiben – der eigenen und der des anderen (vgl. Mt 7,1f). Wenn wir den Zorn in seiner positiven Seite annehmen, schafft er uns Raum zum Atmen und Leben. Er läßt uns handeln und einen Bereich eigener Sicherheit aufbauen. Die

Gewißheit, nicht mehr im Persönlichsten bedroht zu sein und nicht mehr unter Druck zu stehen, ist Voraussetzung dafür, daß wir uns gegenseitig als unterschiedliche Größen anerkennen und einander das Anderssein verzeihen können. So nehmen wir unsere Erwartungen an die Mitmenschen zurück, deren Nichterfüllung unseren Zorn ausmachte. Wenn die Angst, vom anderen vereinnahmt, unterdrückt und überfahren zu werden, schwindet, ist wieder freier Austausch von Worten und Gefühlen möglich. Bis wir allerdings dorthin gelangen, müssen wir uns auf harte Arbeit an uns selbst und auf einen langen, oft unüberschaubaren Weg einstellen. Wer sich im Zustand von Gekränktheit und Erbitterung befindet, sollte das Gespräch mit Bekannten, mit einem Seelsorger oder Therapeuten suchen. Wenn wir schmerzende und beschämende Gefühle von Unterlegenheit und Minderwertigkeit zulassen, wenn wir uns unsere Wut und Ohnmacht eingestehen, wird ein Prozeß angeregt, in dem sich die Dinge nach und nach von selbst ordnen. Wir erkennen unsere eigene nicht bewältigte Lebensproblematik, lernen sie vom Verhalten unseres Gegenübers unterscheiden und lösen sie von ihm ab. Wir hören auf, dem anderen ständig die Schuld für das eigene Unglück zuzuschieben. Seine beleidigende Behandlung und seine Bemerkungen waren ja meist mehr Auslöser als Verursacher unseres Zustandes. Wenn es uns gelingt, die Handlungsweise und die Art des anderen vom eigenen Schicksal und unseren enttäuschten Lebenshoffnungen zu trennen und so die Verantwortung für uns selbst zu übernehmen, haben wir einen bedeutsamen Schritt zur Versöhnung getan. Im Laufe einer Gesprächsreihe oder länger dauernden Therapie werden wir die eigene innere Welt immer mehr entdecken, den Zusammen-

hängen unserer verschiedenen Reaktionen nahekommen, die einzelnen Glieder unserer Denk- und Handlungsketten würdigen und annehmen. Als Folge davon nimmt die Spannung ab, Haß- und Rachegefühle lösen sich allmählich auf. Wenn wir das eigene Leben mit seinen Windungen und Verwicklungen in Ruhe anschauen, verstehen wir auch manches vom Gegenüber. Wer sich selbst zur Aufgabe geworden ist, hört auf, sein Glück vom Sein und Verhalten des anderen abhängig zu machen; Groll auf den Mitmenschen ist nicht zuletzt eine Fixierung auf ihn. Es ist die affektive Bindung der Ursprungsfamilie, die auf den Ehepartner, den Vorgesetzten oder Kollegen übertragen wird. Dahinter steht die geheime Sehnsucht oder das offene Verlangen nach Einheit und Harmonie, der Anspruch darauf, wie es zu Hause einmal war oder wie man es sich gewünscht hätte. Das bedeutet: der andere sollte so denken, fühlen und handeln wie ich. Solange ich nicht über den eigenen Denkrahmen hinausblikke, gilt meine Überzeugung als die einzig logische, und wer sie nicht teilt, kann nur dumm oder schlecht sein. Die Bezeichnung „Dummkopf" (Mt 5,21) erscheint als berechtigt für einen mit anderer Meinung, ebenso der Vorwurf „gottloser Narr": wir unterstellen ihm noch schlechte Motive, weil ein Mensch ohne Gott – so die Meinung der Frommen – nur böse sein kann.
Die Be-Leidigung – das Leid, das wir dem anderen zufügen – besteht darin, daß wir ihm sein Denkvermögen und seine ehrlichen Absichten – damit sein Menschsein – absprechen. Auf diese Weise nehmen wir ihm den Raum zum Leben. Jemand den Raum zum Leben nehmen heißt aber: ihn töten. Deshalb fordert Jesus, daß eigentlich auch die böse Gesinnung und das böse Wort – wiewohl praktisch nie durchführbar –

vor Gericht gehören (Mt 5,21f). Am deutlichsten wird dieser Zusammenhang, wenn es um Leben und Tod des Ungeborenen geht. Wenn sich eine Frau zum so verhängnisvollen Schritt einer Abtreibung entschließt, müßte man dahinter schauen, wieviel Ablehnung, Härte und Kälte sie selbst in ihrem Leben schon erfahren und in ihrer Schwangerschaft noch zu erwarten hat. Den Raum des seelischen Schutzes und der Geborgenheit bräuchte sie als Mutter zunächst einmal selbst, um ihn dem werdenden Menschen bieten zu können. Es ist nicht übertrieben zu sagen, daß in diesem Fall die bösen Worte und Blicke der Schwiegermutter, der Nachbarn und Verwandten und die Kälte des Mannes die Tat eigentlich ausführen. Dabei darf nicht vergessen werden, daß diese „Schuldigen“ ihrerseits wieder den heillosen Verstrickungen unbewußter Mechanismen unterliegen. Der Weg der Selbst-Werdung ist deshalb ein Heilsweg, weil er aus diesem Chaos blinder gefühlsmäßiger Reaktionen herausführt. Die ganzheitliche Entwicklung und Bewußtwerdung fördert die soziale Kompetenz. Sie befähigt, auf den anderen zu hören, unangenehme Gefühle auszuhalten, auf Vorwürfe und Kritik gelassen zu reagieren. Wir können soziale Gegebenheiten – die Atmosphäre einer Beziehung, Gruppe, Familie und sogar der Öffentlichkeit – mitgestalten und sind ihr nicht ausgeliefert. Wir brauchen Konflikte nicht zu scheuen und können sie offen angehen. Auf diese Weise wird etwas von der „Kraft des Salzes“ spürbar. Wo diese Fähigkeiten fehlen – wo das Salz seine Kraft verloren hat –, werden Konflikte verschleiert oder zugedeckt, das kann sogar durch eifriges religiöses Reden oder Tun geschehen; davor warnt Jesus (Mt 5,23f). Versöhnung läßt sich nicht erzwingen – auch nicht mit dem „Friedensgruß“.

Meinungs- und Gefühlsverschiedenheiten müssen ausgetragen werden. Wenn die anstehenden Probleme in uns selbst, in Kirche und Gesellschaft verharmlost oder beiseitegeschoben werden, bekommen sie eine eigene Dynamik. Sie werden zu einer Lawine, die, einmal losgetreten, durch nichts mehr aufzuhalten ist; das ist die Geschichte der Revolutionen und vieler menschlicher Tragödien. Es geht wie bei dem Mann, der einen Rechtsstreit hat (vgl. Mt 5,25). Weil er die Lage nicht rechtzeitig erkennt und einlenkt, weil er nicht zur rechten Zeit handelt, kommt der Moment, wo er selbst nichts mehr tun kann und andere über ihn bestimmen; das Schicksal nimmt seinen Lauf.

Das Austragen eines Konfliktes sieht so aus: wir räumen dem, der auf uns zornig ist, die Chance ein, die Dinge beim Namen zu nennen; wir nehmen ihn ernst und geben eigenes Versagen zu. Damit beruhigen sich die aufgewühlten Emotionen. Andererseits gehört zur sozialen Kompetenz auch der Mut, angestauten Ärger offen auszusprechen und Klärung zu verlangen. Konflikte werden nicht bearbeitet, indem man Aussagen über andere macht und diese durch Vermutungen, Unterstellungen und Verurteilungen abwertet – sogenannte – Du-Botschaften –, sondern indem ich das, was in mir vorgeht, darlege und die Gründe meiner Reaktion erkläre, – sogenannte Ich-Botschaften. Gelingt eine Lösung des Konflikts auf diese Weise, so fallen Wünsche und Fantasien der Wiedervergeltung in sich zusammen.

Wie ist es aber, wenn ein solches Gespräch aus mancherlei Gründen nie stattfinden kann? Oft bleibt keine andere Wahl, als mit einer schmerzenden Wunde jahrelang zu leben und dem Anruf von innen trotzdem treu zu bleiben. Probleme, die nicht im Miteinander zu lösen sind, werden überwachsen; vorausgesetzt, man hat das enge Tor zum inneren Weg durchschritten. Es bildet sich eine persönliche Größe, welche die Lükke der Identität schließt. Was so unendlich bitter ist in der Beziehung zu dem Menschen, mit dem man lebt, wurde schon oft zum Anlaß, das nicht gelebte Leben in der Tiefe und Weite des Glaubens zu wagen. Entwicklungen sind möglich, die niemand am Beginn eines Weges erwarten würde. Es kommt vor, daß zwischen Menschen Mauern fallen, die unüberwindbar schienen. Das läßt sich sagen von Parteien, Religionsgemeinschaften, Weltanschauungen und Völkern. Unser Feind von heute kann morgen unser Bruder sein, sagt Augustinus zur Begründung der Feindesliebe. Das Gebet für den Feind meint ja nicht, ihm für sein Machtstreben Gottes Hilfe zu erflehen oder ihn für eine bedauernswerte Kreatur zu halten. Wenn ich ehrlichen Herzens für den Feind bete, wünsche ich ihm von Gott, daß er zu seiner Wahrheit kommen möge wie ich zu der meinen. Auf diesem Weg werden wir uns einmal begegnen.

Die Reife, die wir als glaubende Menschen anstreben, umfaßt Weite des Denkens ebenso wie spirituelle Kraft und emotionale Durchlässigkeit. Ein gebildeter und wacher Geist kann sich in dem, was innen und außen vorgeht, zurechtfinden und auch mit neuen und ungewohnten Erscheinungen umgehen. Er vermindert Ängste und stiftet Versöhnung, weil er die Wahrheit auch im Andersdenkenden – sei es in Religion oder Politik – wahrnimmt, sie sogar als wichtig erkennt für die Ergänzung (Ganzwerdung) seines Wesens und für den Fortschritt der Gruppe. In der Geschichte gibt es genügend Beispiele dafür, daß eine anfangs abgelehnte und verfolgte

Irrlehre später humanitären Fortschritt erbrachte. Man denke an die Entwicklung demokratischer und sozialreformerischer Ideen. Es ist gewiß nicht falsch zu sagen, daß hinter jedem von der Norm abweichenden Denken und Verhalten eine Wahrheit verborgen ist, die von der großen Allgemeinheit nicht gelebt wird. Selbst Terroristen verdienen in diesem Sinn unsere Aufmerksamkeit. Die Ablehnung unseres Staates ist eine Anfrage an die Selbstverständlichkeiten unseres Lebensstils. Es sollte uns bewußt werden wie die allgemein übliche legale Art zu leben, echte und edle Gefühle erstickt, die Seele und die Schöpfung zerstört, und daß ein transzendenter tragender Sinn verloren ging.

Deshalb mahnt uns Jesus zu Sanftmut und Vorsicht im Umgang mit dem Bösen (Mt 5,39). Wir sollten es nicht ausrotten wie das Unkraut im Akker (Mt 13,24); vielmehr sollten wir den „Balken im eigenen Auge sehen“ (Mt 7,5). Das Anderssein eines Menschen konfrontiert nämlich mit dem eigenen Schatten. Nehmen wir ihn an als Aufgabe, die uns auf dem inneren Weg gestellt ist, so erweitern wir den Umfang unserer Persönlichkeit. Dies führt dazu, daß wir kritische Anfragen zulassen und deren Berechtigung anerkennen. Wir gestehen dem Andersgesinnten den Wert seines eigenständigen Denkens zu. Allerdings ist selbst unter eifrigen Christen wenig bekannt, daß es sich hier um eine vordringliche Form der Nächstenliebe handelt. Denn die „goldene Regel“ besagt, daß wir alles, was wir von anderen erwarten – nicht nur die Gabe in der Not, das Almosen –, auch ihnen tun (Mt 7,12). Damit schaffen wir ein Klima für das offene Gespräch und den geistigen und emotionalen Austausch. Wir stellen Weichen, so daß Menschen zueinander finden. Es zeigt sich, daß die Liebe zum Nächsten und die Liebe zur Wahrheit ineinanderfließen.

Seelische Verschlossenheit und Kälte bei vielen Menschen haben ja ihre Geschichte. Die Angst lehrte sie, eigene Gedanken, Gefühle und Absichten zurückzuhalten; zu oft wurde ihre Liebe zur Wahrheit bestraft.

Sobald ihnen jedoch Vertrauen und Sicherheit begegnen, können sie die Schutzmaßnahmen langsam aufgeben. Sie brauchen sich nicht mehr voreinander in acht zu nehmen und die Wahrheit zu verbergen. Das Ja wird ein Ja ohne geheimes Nein, das Nein ein Nein ohne falsche Zugeständnisse. Weil sie klar und eindeutig reden, wird das Schwören überflüssig (vgl. Mt 5,23f).

Etwas davon wird auf Selbsterfahrungskursen spürbar, welche den inneren Weg über Träume und Symbole erschließen wollen[28]. Indem die Teilnehmer eine Woche lang um das Verstehen ihrer Träume, um Klarheit ihrer Gefühle und Aussagen ringen, öffnet sich ein Raum der Nähe und Freiheit. Es wird leicht, aufeinander zuzugehen, ohne einander festzuhalten. Das Wort „Aggression" erhält seine ursprünglich positive Bedeutung zurück (aggredi heißt zunächst „auf den andern zugehen" und erst dann „angreifen").

Führen wir die Arbeit an uns selbst kontinuierlich fort, gewinnen wir zunehmend Sicherheit in unseren Gefühlen. Sie tragen uns, und wir können ihnen vertrauen. Ein Gespür für das Richtige wächst in uns, das personale Reifungsgewissen, das uns sagt, was für uns gut ist. Wie beim Tier der Instinkt reagiert, so tritt auch bei uns von selbst eine Blockade ein, wenn wir uns auf Schädliches einlassen. Wenn der Fluß unserer Emotionen weder gestaut wird noch vertrocknet, verlieren wir das drückende Empfinden, uns ständig zurückhalten oder antreiben zu müssen.

Die Kraft, die wir zur Kontrolle der inneren Dynamik gebraucht hatten, steht jetzt frei zur Verfügung. Wir können einen heilenden, versöhnenden und sinnstiftenden Einfluß auf unsere Mitmenschen ausüben. So werden wir zum „Salz der Erde“ (Mt 5,13).

Die Erlösung der Gefühle ist eine wesentliche Frucht der Nachfolge Jesu. Viele wären froh, wenn davon auch etwas in ihrer Ehe zu spüren wäre. Denn es ist kein Geheimnis, daß trotz der Freizügigkeit im Bereich der Sexualität ein großer Teil der Menschen von heute nicht sein Glück findet. Nur das Verbot des Begehrens (Mt 5,27f) und der Ehescheidung zu diesem Thema heranzuziehen, hieße Jesus falsch interpretieren, denn man kann auf dem Gebiet der Gefühle auf zwei verschiedene Weisen scheitern, indem man entweder zerfließt oder erstarrt. Wer unbedacht seinen Wünschen freien Lauf läßt, wird von ihnen in Richtungen gezogen, die ihm und den Nahestehenden mehr Leid und Leere bringen als Erfüllung. Der rein naturhafte Trieb ist blind; er spaltet die Menschen, statt sie zusammenzufügen. Genauso aber sollten wir uns vor Verhärtung und Erstarrung hüten. Der Weg zu zweit, der einmal so hoffnungsvoll begann, verödet bei vielen. Langsam baut sich eine Mauer auf, die schließlich keine Botschaft mehr durchläßt. Einzig die Pflichten sind es oft, die noch zum Zusammenhalten zwingen. Ob ein Zerfließen oder Erstarren der Gefühle – beiden Fehlformen liegen Angst und Unsicherheit zugrunde. Im Hinblick auf die Not und Verwirrung auf diesem Gebiet meint Jung, die Störung liege primär im Bereich des Geistes, nicht des Triebes[29]. „Geist“ meint hier nicht den kalten, analysierenden Intellekt, sondern den schöpferischen Sinngrund. Wenn Menschen den lebendigen Anschluß an ihn verloren haben und seine Inhalte nicht aufnehmen können, fehlt dem Bewußtsein der Sinn und den Antrieben die tragende und ausgleichende Mitte. Die erotische und sexuelle Energie wird zum Feuerwerk für den Augenblick und liefert nicht mehr den Stoff für die Poesie, die das Leben verklärt. Man will das Glück und den Partner haben; jedoch das verkrampfte und verzweckte Habenwollen – und diese Haltung meint Jesus mit dem „Begehren" (Mt 5,27f) – erlaubt es nicht, daß zwei Menschen eigenständig und miteinander blühen und reifen, daß die Liebe ein „wogendes Meer zwischen den Ufern der Seelen" ist[30]. Die Warnung Jesu gilt außerhalb und innerhalb der Ehe. Es ist nicht recht, über einen Menschen wie über einen Gegenstand zu verfügen, weder über seinen Körper noch über seine Seele. Der andere, der sein Leben mit mir teilt, ist kein Besitz, den ich nach Gutdünken weggeben kann (Mt 5,31). Liebe kann man nicht „machen" wie eine Ware. Sie gehört zu jener anderen Seite unseres Lebens, welche geheimnisvoll eigentätig wirkt.

Wie ist die Erlösung der Gefühle durch Jesus zu verstehen? Indem er Menschen, die sich ihm öffneten, an den umfassenden und wirkenden Sinngrund anschloß, gab er ihnen die Fähigkeit zu lieben – die Lebendigkeit, den Wert und Reichtum der Gefühle – zurück. Erinnert sei an jene Szene, wo eine Frau ein Gefäß mit kostbarem Öl über Jesus ausgießt (Mk 14,3f), und an das, was die Sünderin an ihm tat (Lk 7,37f).

Wer den Weg mit Jesus geht, wird in den Seelengrund eingetaucht. Er findet die Einheit von Antrieben und Normen, von Leben und Sinn. Auf dieser Ebene tun sich neue Tore auf zwischen Mann und Frau. Es ist ein Ereignis von großer Schönheit, Dauer und End-Gültigkeit. Andererseits ist auch wahr, daß zwei Menschen erst im Empfinden füreinander auf dem gemeinsamen Grund ankommen, jeder ganz bei sich und ganz beim anderen. Ein Ehepaar berichtet von einem Kurs: „Seither ist bei uns etwas verändert. Spannungen fielen ab. Das Reden miteinander ist leicht; eine Gemeinsamkeit entstand, die selbstverständlich ist. Es geht alles irgendwie leichter." Was wollte Jesus anderes, als daß Menschen auf dem Grund ihres Herzens zur Ruhe kommen (Mt 11,29), welche Wege immer auch eingeschlagen werden? Dieses Ziel verlangt die Entscheidungen, die so hart sind wie das Ausreißen des Auges (Mt 5,29). Aber wegen der motivierenden Kraft, die von ihm ausgeht, sind sie auch möglich. Wenn Menschen sich in der Tiefe ihrer Seele loslassen können, ist auch der Trieb an seinem Ziel angelangt. Er verliert seinen bedrängenden Charakter und ist Grundlage für emotionale Wärme und Ausstrahlung. Wenn diese Art von Liebe blüht, ist sie nicht mehr nur auf zwei Menschen begrenzt. Viele nehmen daran teil, wenn „wir im Herzen Gottes sind".[31]

# Schluß

Die Bergpredigt übt als utopische Vorstellung einer besseren Welt eine gewisse Faszination aus. Viele sehen darin einen Aufruf zum Handeln gegen die Not der Zeit. Sie setzen auf politische Entscheidungen; doch Verbesserungen von außen schaffen neue Probleme. Mit dem Wohlstand in unserem Land kamen auch andere schlimme Dinge. Hohe und edle Ideale sind Antriebe zum Guten, doch müssen sie auch hinterfragt werden. Begeisterung allein macht blind für eigene Fehler und verursacht oft Übel, die man eigentlich bekämpfen will. Wer sich mit einer Idee identifiziert, übersieht leicht den konkreten Menschen, seine Möglichkeiten und sein Glück. Aus dieser Unbewußtheit gilt es herauszukommen.

Den Probefall liefert das Gespräch über die Bergpredigt mit Andersdenkenden. Wenn Emotionen wie Aufgeregtheit, Angst und Zorn den konstruktiven Austausch hindern, ist es noch ein weiter Weg zum Geist Jesu. Echter Fortschritt ereignet sich erst dann, wenn man die eigene Position von außen betrachten und Kritik zulassen kann.

Das Wichtigste muß nochmals in aller Deutlichkeit herausgestellt werden: Die Rede Jesu ist nicht zu verstehen noch auszuführen ohne das Religiöse als Erfahrung eigener Art. Wer darin nur Handlungsanleitungen sieht, würde zwar die Äste eines Baumes erkennen, aber nicht seine Wurzeln, Blüten und Früchte. Weil jedoch der Idealismus einer Läuterung im Handeln bedarf, so sollte auch der Eifer im Religiösen einer Kritik unterzogen werden. Das Streben für Gott muß erleuchtet sein (vgl. Röm 10,2). Jeder Glaubende möge sich deshalb prüfen, inwieweit das Wirken Jesu bei ihm zuinnerst ankommt und sein Leben bestimmt, inwieweit er selbst emotionale und spirituelle Kraft mit Weite des Denkens und Bereitschaft zum Handeln verbindet. Wer im Glauben an Christus den inneren Weg beginnt und ihn durch die Tiefenpsychologie begleiten läßt, schließt selbstkritisches Vorgehen und Erhellung des eigenen Dunklen mit ein. Er versucht, die Rückseite des Lebens anzugehen – jenen Bereich, der Menschen daran hindert, gut zu sein. Es geht um den langen Schatten eines vermeintlich hellen Vordergrundes sowohl beim einzelnen wie bei politischen und religiösen Bewegungen. Dazu zählen alle Stimmungen und Antriebe, von denen man eher sagen kann, daß sie einen besitzen, als daß man sie besitzt. Zentral gehört dazu die Angst und alle von ihr ausgehenden Belastungen wie Einsamkeit, Überforderung, emotionale Kälte und Verhärtung, Fixierung an Personen, Gruppen und Ideen. Auf der Rückseite liegen zugleich die noch nicht zum Zug gekommenen aufbauenden Ideen, Kräfte und Möglichkeiten für ein erfüllteres und echteres Leben. Dort ist der Schlüssel für höheres ethisches Niveau und für eine Wandlung auf Dauer zu suchen. Leidenschaften und Begierden, welche die Menschen ins Unglück stürzen, können „von vorne" – mit Willen und Verstand allein – nicht kultiviert werden. So wird eine Auslegung der Rede Jesu als ethisches Dokument – gerichtet an Einsicht und guten Willen – scheitern, wenn nicht der Glaube an ihn von der Daseinsangst befreit. Denn im rückwärtigen Teil unseres Lebenshauses müssen wir durch einen leid- und mühevollen Weg den Grund finden, der stärker ist als unsere Angst. Wer so in Gott verwurzelt ist, wie Jesus es meint, kann die Sorge um die Zukunft – die eigene und die der Menschheit – und seine Vorstellungen davon loslassen. Das Gute, soweit es

durch uns hindurch geht, wird von selbst Früchte bringen. Angeschlossen an die Wurzel aller Dinge werden wir frei und schaffen eine Atmosphäre des freien Austausches, wo Leben erwachen, blühen und gedeihen kann. Damit vermeiden wir, etwas gewaltsam durchsetzen und beeinflussen zu wollen, was so viele neue Ängste erzeugt.
Der Einstieg für eine tiefgreifende Veränderung ist dort zu suchen, wo Menschen mit ihrer Rückseite – d.h. mit ihrer Erlösungsbedürftigkeit in Kontakt kommen. Der Leidensdruck in Krisensituationen öffnet zu Neu-Orientierung; dort kommt es am ehesten zur Wende der Gefühle und Einstellungen. Wer mit den Menschen die Not ihres Lebens teilt, ohne sich selbst erdrücken zu lassen, bringt Kraftströme des Guten zum Fließen. Mit den Möglichkeiten, die heute Psychotherapie und neu entdeckte Meditationswege bieten – im Grunde sind es uralte Erfahrungen der Menschheit –, wird das Unbewußte, der Sitz der Emotionen, gewandelt. Dies setzt allerdings den Anruf des Innersten, die Berufung durch Gott und volle Freiwilligkeit des Menschen voraus. Die Gesinnung Jesu ist nicht Ergebnis einer besonderen Gutwilligkeit, sondern Ergebnis einer die ganze Persönlichkeit umfassenden Entwicklung. Der nächste Schritt liegt deshalb nicht im Anlauf zu einem moralischen Kraftakt, vielmehr in der Schärfung der Wahrnehmungsfähigkeit.
Es ist besser, die Frage: Was ist in mir? Was im anderen? zu gestatten, als vermeintlich gewußte Lösungen aufzudrängen. Wer mit Sensibilität die eigenen Emotionen und die der anderen ernst nimmt, gewinnt Einfluß auf sie und macht sich ihre Kraft zu eigen. Menschen, die von den Tiefenschichten der Seele her gebildet sind, können Intensität des religiösen Empfindens mit kriti-

schem Denken gut vereinen. Sie werden Entwicklungen auslösen bei einzelnen, in Gruppen und in der Öffentlichkeit und ein Klima des Vertrauens und geistiger Lebendigkeit schaffen. So bildet sich ein Raum, wo neue Werte und neue Ansichten über Lebensstil und Inhalt des Daseins, über Reichtum und Armut, über Ängste und Absicherungen, über Rüstung und Frieden entstehen.
Der innere Weg, verstanden als spirituell und psychodynamisch wirksamer Prozeß von einzelnen und von Gruppen, formt den Rahmen, in dem die Bergpredigt konkretes Leben gewinnt.

## Anmerkungen

[1] Das Neue Testament, übersetzt von Prof. Dr. Josef Kürzinger, Aschaffenburg 1968

[1a] Vgl. Bibel-Lexikon herausg. v. Herbert Haag, Stichwort „Pharisäer"

[2] Institut für Demoskopie Allensbach: Kirchenbesuche und religiöse Einstellung, Allensbach 1982/ 134

[3] Vgl. Staatslexikon, herausgegeben v. H. Sacher, Freiburg 1932, Utopie

[4] Vgl. Dorothee Sölle: Wählt das Leben, Stuttgart 1980

[5] Franz Alt: Frieden ist möglich, München 1986/116

[6] siehe Rudolf Schnackenburg: Die sittliche Botschaft des Neuen Testaments, Bd. 1: Von Jesus zur Urkirche – Freiburg 1986/40

[7] Vgl. D.- Pfau und P. Jankowski: Social Perception, in Arnold und Pauli: Experimentelles Praktikum, Stuttgart 1972, S. 189

[8] Vgl. P.R. Régamey: Die Wiederentdeckung des Fastens, Wien 1963/ 142–186
u.A. Ronald Sequeira: Gandhi für Christen, Freiburg 1987, S. 213f

[9] Vgl. d. Verfasser: Heilige, Münsterschwarzach 1984, S. 17

[10] Vgl. ders.: Die Bibel als Heilungsbuch, Münsterschwarzach 1985, S. 13f
dazu Eugen Drewermann: Tiefenpsychologie und Exegese, Bd. I und II, Olten 1984 und 1985

[11] Vgl. Eugen Drewermann, Bd. II, S. 707

[12] Vgl. C.G. Jung: Psychologie und Alchemie, GW 12, Olten 1976/81

[13] Vgl. Aniela Jaffé: Erinnerungen, Träume und Gedanken von C.G. Jung, Olten 1979/ 255

[14] Vgl. d. Verfasser: Kranke Bäume – kranke Seelen, Münsterschwazach 1986/27

[15] Vgl. Schwarzer Hirsch: Ich rufe mein Volk, Bornheim 1984/253

[16] Vgl. C.G. Jung: Der Mensch und seine Symbole, Olten 1976/216

[16a] Vgl. Karlfried Graf Dürckheim: Durchbruch zum Wesen. Bern 1968/S. 95

[17] Vgl. d. Verfasser: Die Bibel als Heilungsbuch, Münsterschwarzach 1985/55

[18] Vgl. Eugen Drewermann: Tiefenpsychologie und Exegese II, Olten 1985/137
ders. Der Krieg und das Christentum, Regensburg 1984/218
ders. Psychoanalyse und Moraltheologie II, Wege und Umwege der Liebe, Mainz 1984/33

[19] zit. bei Huub Oosterhuis: „Im Vorübergehen“ Wien 1969/18

[20] Vgl. Spr. 24,17: Wenn ein Feind fällt, so freue dich nicht!
ebenso Spr. 25,21: Wenn dein Feind hungert, so speise ihn, wenn ihn dürstet, so gib ihm zu trinken; so sammelst du glühende Kohlen auf sein Haupt, und der Herr wird es dir vergelten.“

[21] Vgl. das neunte und zehnte Gebot, Ex 20,17

[22] Adolf Heimler: „Gewissensbildung“ in: „Wege der Umkehr“, herausgegeben von Klemens Jockwig, Kevelaer 1972

[23] Gerhard Lohfink: Wem gilt die Bergpredigt? Freiburg 1988/70

[24] Minucius Felix: Dialog Octavius
in: Bibliothek der Kirchenväter
Frühchristliche Apologeten II, 69, München 1913

[25] Zeitungsbericht der Augsburger Allgemeinen vom 16.9.1988

[26] Die weltpolitische Entwicklung der letzten 40 Jahre ist ein gutes Beispiel: aus den ehemals Verbündeten des Weltkriegs wurden die Gegner des „Kalten Krieges", wobei jede Seite die andere zu verändern versuchte; erst nach Stabilisierung beider Systeme und gegenseitiger Anerkennung (Ko-Existenz) ist eine Öffnung aufeinander hin möglich. Ähnliches ist auch im Verhältnis der großen Konfessionen zu beobachten.

[27] Vieles spricht dafür, daß die Wurzeln des Nationalsozialismus auf ein Minderwertigkeitsgefühl der Deutschen zurückgehen. Man glaubte, in der Geschichte zu kurz gekommen zu sein. Vgl. Hans Grimm: Volk ohne Raum!

[28] Solche Kurse werden vom Verfasser in regelmäßigen Abständen angeboten.

[29] C.G. Jung: Über die Beziehung der Psychotherapie zur Seelsorge
in: Zur Psychologie westlicher und östlicher Religionen, GW Bd 11, Olten 1978

[30] Khalil Gibran: Der Prophet, Olten 1988/13

[31] ebenda

P.S.: Zur Bergpredigt gibt es eine Video-Filmkassette:

Die Bergpredigt:
Eine Herausforderung an die Christen.

Gino Cadeggianini
Viola Film, Gutenbergstr. 26,
8012 Ottobrunn

Mitherausgeber:
Deutscher Katecheten-Verein e.V.
Preysingstr. 83c, 8000 München 80